INSTRUCTION MORALE ET CIVIQUE

L'HOMME — LE CITOYEN

A L'USAGE DE L'ENSEIGNEMENT PRIMAIRE

OUVRAGE RÉDIGÉ CONFORMÉMENT AU PROGRAMME OFFICIEL

Avec des gravures intercalées dans le texte, des lexiques, des exercices et des questionnaires

PAR

Jules STEEG

DÉPUTÉ DE LA GIRONDE

PARIS

LIBRAIRIE CLASSIQUE N. FAUVÉ ET F. NATHAN

18, RUE DE CONDÉ, 18

ERRATUM

Page 73, ligne 7. — Au lieu de *Périclès*, lisez *Pisistrate*.

INSTRUCTION

MORALE ET CIVIQUE

MÊME LIBRAIRIE

Envoi franco au reçu du prix en un mandat ou en timbres-poste.

COURS DE PÉDAGOGIE, à l'usage de l'enseignement primaire, *rédigé conformément au programme officiel*, par P. VINCENT, ancien élève de l'École normale de Poitiers, ancien instituteur public, inspecteur de l'instruction primaire de la Seine, officier de l'instruction publique. 1 vol. in-12, br. .... 2 fr. 75

— Le même, cart. .... 3 fr. 20

Ce livre est le résumé de toutes les idées qui ont paru saines, et le grand mérite de l'auteur est de les avoir réunies en un tout homogène en les rapportant à un principe fixe, la liberté de l'homme. Ces idées, recueillies un peu partout, sont rangées dans l'ordre indiqué par le programme officiel, que l'auteur a scrupuleusement suivi article par article.

Ce premier volume correspond aux deux premières années du cours de Pédagogie des écoles normales primaires. Pour y faire entrer l'histoire de la pédagogie et une suffisante étude de l'administration scolaire, il eût fallu le grossir outre mesure ou restreindre par trop chaque partie du programme.

Le deuxième volume, *Histoire de la Pédagogie et Administration scolaire*, est en préparation.

ZIGZAGS A TRAVERS LES CHOSES USUELLES, livre de lecture courante, à l'usage des classes élémentaires des Lycées et Collèges et de l'enseignement primaire, par G. RENARD, ancien élève de l'École normale supérieure, professeur à l'école Monge, et MARTINE, ancien élève de l'École normale supérieure, professeur agrégé d'histoire au lycée Fontanes et à l'École normale supérieure d'institutrices, contenant de *nombreuses gravures dans le texte*, des *lexiques*, des *questionnaires* et des *exercices*. 1 vol. in-12, cart. .... 1 fr. 50

Un livre comme celui-ci ne peut avoir la prétention de tout dire. Il doit laisser une large part à l'initiative du maître et même de l'élève. Il a pour but, en effet, non seulement de donner à l'enfant des notions exactes sur les choses qui l'entourent, mais aussi et surtout de lui *apprendre à apprendre*.

Il contient des modèles de leçons dont l'instituteur pourra s'inspirer; il indique par des exemples comment l'on peut varier les méthodes d'exposition; il dégage de tout ce qui le comporte un enseignement moral, simple, sérieux et indépendant; par des questionnaires, il oblige l'enfant à réfléchir et à observer; il lui fournit enfin, dans un lexique très court, l'explication des mots difficiles qui se rencontrent au cours de l'ouvrage.

SPÉCIMENS DE CHOSES USUELLES pour servir à la formation de musées scolaires. 350 échantillons renfermés dans un meuble élégant, comprenant six divisions : 1° Vêtement; — 2° Éclairage et chauffage; — 3° Alimentation; — 4° Matériaux de construction; — 5° Industries métallurgiques; — 6° Industries non métallurgiques. 125 fr.

Ce meuble, fermant à cadenas, forme pupitre pour la leçon et est accompagné d'un guide. Les échantillons sont suffisamment gros pour que les enfants puissent bien reconnaître les substances mises sous leurs yeux et entre leurs mains, et classés dans un ordre qui leur permet d'embrasser d'un coup d'œil les usages et les transformations.

— Chaque groupe, dans une boîte fermant à crochet..... 18 fr.

Emballage et port en sus.

ARDOISES GÉOGRAPHIQUES SUR CARTON

France et Europe politiques, 0m,25 sur 0m,30.......... 50 c.

Cartes et globes, muets et ardoisés. } *Voir le Catalogue.*
Cartes et globes, écrits. }

Ardoises factices, noires, réglées, quadrillées, toutes les dimensions.

INSTRUCTION
MORALE ET CIVIQUE

L'HOMME — LE CITOYEN

A L'USAGE DE L'ENSEIGNEMENT PRIMAIRE

OUVRAGE RÉDIGÉ CONFORMÉMENT AU PROGRAMME OFFICIEL

Avec des gravures intercalées dans le texte, des lexiques, des exercices et des questionnaires

PAR

Jules STEEG

DÉPUTÉ DE LA GIRONDE

PARIS

LIBRAIRIE CLASSIQUE N. FAUVÉ ET F. NATHAN

18, RUE DE CONDÉ, 18

1882

Tout exemplaire de cet ouvrage non revêtu de notre griffe sera réputé contrefait.

V. Fauré et F. Nathan

PRÉFACE

L'enseignement par excellence, c'est celui qui fait l'objet de ce petit livre. Tout le reste est de grande importance ; ceci est d'importance suprême. Il faut que nos enfants apprennent les éléments des sciences, de la langue, du calcul, de la géographie, de l'histoire. Mais ce qu'ils n'auront pas appris à l'école pourra se regagner dans la vie. On a vu des adultes faire d'étonnants progrès dans le savoir qu'ils avaient négligé pendant leur enfance. Il n'en est pas de même de la morale. C'est dans l'enfance qu'il est indispensable d'en poser les fondements. Plus tard, il est trop tard.

Lorsque le catéchisme était la base de l'instruction, la morale était si intimement mêlée aux dogmes qu'on ne songeait pas à l'en détacher. On eût crié à la témérité et presque au blasphème. Aujourd'hui l'instruction religieuse est facultative; l'éducation morale ne peut partager le même sort. Il n'est pas admissible qu'on puisse s'en passer. Les parents ne le voudraient pas, l'État ne pourrait le tolérer.

La morale est partout; elle se trouve dans tous les livres classiques, dans toutes les histoires, dans tous les recueils qui sont mis aux mains des enfants; elle est dans tous les esprits, dans toutes les consciences. Les parents l'enseignent, le maître l'enseigne; mais elle est partout à l'état diffus. Il s'agit de la dégager, de l'exposer en principes courts et clairs, de laisser dans l'esprit de l'enfant des notions justes et nettes, de l'élucider par quelques exemples, d'en montrer l'étendue et les conséquences.

C'est ce que nous avons essayé dans ce modeste manuel. Nous y avons suivi le programme officiel des écoles normales, d'abord parce qu'il est bien pensé, bien déduit et complet, ensuite parce qu'il nous a semblé que les maîtres auraient plus de facilité pour exposer les leçons dans l'ordre où ils les auront entendues et étudiées.

Nous voudrions qu'il nous eût été possible de faire passer

dans ces pages un peu du feu sacré sans lequel la morale n'e qu'une sèche nomenclature, de peu d'effet sur les sentimen et sur la vie.

Ce n'est pas le tout que de connaître le devoir, il faut l'a mer; il faut se passionner pour la vie honnête, pour ce qui e bien et beau, pour ce qui dépasse l'étroit horizon de l'insta présent et de l'existence individuelle.

Un livre de classe ne peut avoir la prétention de conduire un pareil but; il peut tout au plus indiquer la voie et serv aux maîtres d'occasion et de thème pour le plus noble ense gnement qu'ils aient à donner.

Après chaque leçon, quelques exercices, qui peuvent prendre sèchement à la lettre ou se développer indéfinime selon le degré de culture du maître et des élèves, serviront pierre de touche pour savoir si les principales idées ont é comprises et donneront matière à d'utiles réflexions. Ils doive surtout servir à indiquer quel genre de questions il est utile poser aux enfants pour stimuler leur intelligence.

En vue des classes moins avancées, nous avons joint à chaq leçon un petit lexique explicatif des mots les moins familie aux enfants.

Quand l'écolier a appris ce qu'il se doit à lui-même, ce qu doit aux autres, il est digne d'apprendre quelles sont les lo politiques de son pays, parce qu'il est capable d'en comprend la grandeur et la nécessité. Après les devoirs les droits.

Ici, c'est surtout un enseignement de fait, un enseigneme d'histoire et de textes plus que de théories qui importait. L'e fant, qui apprend à l'école les exercices militaires au moy desquels il abrégera son apprentissage de soldat, doit apprendre aussi les faits et les notions qui lui faciliteront bon usage de ses droits de citoyen.

Le lien est intime et indissoluble entre l'instruction mora et l'instruction civique. Ceux-là se trompent du tout au to qui veulent séparer ordinairement la moralité et la politiqu Cette pratique convenait sans doute aux régimes déchus; l'a de dominer les hommes pouvait se composer exclusiveme d'habileté. En démocratie, où chacun a sa part de souveraine et de responsabilité, il s'agit avant tout de se gouverner so même : or le véritable nom du gouvernement de soi-mêm c'est la morale.

J. S.

PREMIÈRE PARTIE

CONNAISSANCE DE L'HOMME

I

L'activité physique.

L'heure de la récréation a sonné. Les enfants sortent de la classe et vont **jouer** dans la cour. Ils organisent[1] des parties de toute sorte. Les uns jouent à la balle, les autres aux barres, d'autres aux billes. Ils courent, ils s'agitent, cet exercice les échauffe, leur met des couleurs sur les joues. Tous leurs membres sont en **mouvement**. Ils remuent la tête, les bras, les jambes ; ils parlent, ils s'appellent, ils crient.

Comme leur corps est souple[1] ! Leurs jointures paraissent en caoutchouc ; elles sont élastiques. On les voit bondir[1], se baisser, se relever, s'incliner à droite ou à gauche, se pencher en avant ou en arrière pour atteindre la balle ou éviter d'être pris. S'asseoir, marcher, courir, lever les bras, tourner la tête, chanter, manger, boire, ce sont autant de mouvements du corps qui nous sont si familiers que nous n'y faisons pas attention, et qui sont pourtant admirables par l'équilibre[1] et l'habileté qu'ils supposent.

Il faut un apprentissage pour arriver à savoir faire

[1] Ce signe renvoie au lexique ; il indique les mots moins usités et que l'enfant ne comprendrait peut-être pas sans explication.

tous ces mouvements à propos. Pensiez-vous être aussi savants que cela ?

Le petit enfant fait des mouvements, lui aussi, dès qu'il est né ; il s'agite, il crie, il pleure ; mais ses mouvements sont désordonnés. Il remue bras et jambes, il tord la bouche, il a l'air de chercher quelque chose.

En effet, il cherche, sans savoir où ni quoi. Il cherche une bonne place pour dormir ; il cherche le sein de sa mère pour y puiser sa nourriture ! Personne ne lui a enseigné les mouvements qu'il fait ni leur utilité ; il obéit à une force intérieure qui le guide ; il devine, sans en connaître la raison, ce qui lui est nécessaire. C'est ce qu'on appelle l'**instinct**.

Les animaux agissent suivant leurs instincts. C'est un instinct qui enseigne aux abeilles à construire leurs ruches, aux lapins à creuser leurs trous, aux oiseaux à bâtir leurs nids, aux renards à guetter leur proie, aux araignées à tisser leurs toiles.

Les **mouvements instinctifs** chez l'homme son moins nombreux que chez l'animal. Par instinct, avan d'avoir eu le temps de réfléchir, nous allongeons le bras ou nous nous détournons, lorsqu'un coup nou menace. Mais la **réflexion** et l'**habitude** remplacent bientôt l'instinct.

L'homme a réglé les heures de ses repas, de son travail et de son sommeil. Il ne laisse pas aller son corp à toutes sortes de postures[1], selon le hasard de s situation ; il a pris l'habitude de se bien tenir, de reste debout ou assis selon les circonstances. Les différent métiers, les différentes occupations impriment[1] a corps des habitudes différentes, qui finissent pa devenir comme une **seconde nature** que l'homme s donne volontairement, tandis que l'animal ne peut con tracter par lui-même d'autres habitudes que celles qu lui sont imposées par l'instinct.

LEXIQUE.

Lexique. Ce mot signifie dictionnaire, explication des mots.
Organiser, arranger.
Souple, qu'on peut plier facilement, sans casser.
Caoutchouc, gomme élastique, sorte de résine qui se plie et s'allonge.
Bondir, faire des bonds, sauter.
Équilibre, situation d'un objet qui se tient debout, qui ne tombe pas.
Posture, situation, pose.
Imprimer des habitudes : donner des habitudes.

EXERCICES.

1. Racontez les jeux auxquels on peut se livrer pendant la récréation. — Dites ceux qui vous plaisent le mieux, et pour quels motifs. — Peut-on jouer à tous les jeux en tout temps, avec le chaud, le froid, la pluie? — A quoi peuvent être utiles les jeux violents? — A quoi peuvent être utiles les jeux tranquilles?

2. Si vous voulez construire un bonhomme en terre, en neige ou autrement, en lui donnant les attitudes d'un enfant qui court ou qui va sauter, croyez-vous qu'il vous serait facile de le mettre en équilibre? — Qu'appelle-t-on équilibre? — Pourquoi ne tombez-vous pas à chaque mouvement que vous faites? — Pourquoi tombez-vous quelquefois ?

3. Dites ce que vous savez de l'éducation qu'il faut donner au petit enfant pour lui apprendre les choses les plus élémentaires : à marcher, à manger, à se bien tenir, à parler. — Cela vient-il tout seul? — Ou faut-il le lui enseigner?

4. Racontez ce que vous savez sur les habitations de certains animaux. — Quelle différence faites-vous entre ces habitations et celles des hommes? — Pensez-vous que les toutes premières maisons des hommes aient ressemblé à celles d'aujourd'hui? — Expliquez les changements qui se sont opérés peu à peu dans la manière dont les hommes se logent.

5. Pensez-vous que les habitations des animaux soient pareilles sous tous les climats? — Celles des hommes sont-elles les mêmes en Sibérie et en Afrique? — Exposez vos idées à ce sujet.

6. Quelle différence faites-vous entre l'instinct et la réflexion? — Citez des exemples de l'un et de l'autre. — Les animaux allument-ils du feu pour cuire leurs aliments? — Vont-ils chez le boulanger acheter du pain? — Ont-ils des marchés? — Pourquoi ne font-ils pas comme nous?

II

La sensibilité physique.

Il n'y a pas besoin de beaucoup d'explications pour connaître la différence du **plaisir** et de la **douleur**. Quand vous tombez lourdement sur les genoux, quand vous vous heurtez[1] la tête contre une poutre, quand vous recevez un coup violent, vous souffrez, vous éprouvez de la douleur. Au contraire, quand, en hiver, glacés par la froide température du dehors, vous entrez dans une chambre bien chauffée, ou lorsqu'en été, vous sortez du soleil brûlant pour vous réfugier sous la fraîcheur des arbres, vous éprouvez du plaisir. Vous en éprouvez à manger un bon fruit, à respirer une odeur agréable, à vous asseoir après une longue marche.

Ce sont les **sens** qui nous communiquent ces impressions de plaisir ou de douleur. Ils ont pour **organes**[1] les différentes parties de notre corps. Vous savez qu'on distingue **cinq** sens.

Le sens de la **vue** a pour organe les **yeux**. Fermez-les, et vous ne verrez rien. Cependant, une lumière vive pénètre vaguement à travers les paupières fermées, et lorsqu'on a regardé un objet brillant, il en reste encore pendant quelques instants une trace dans les yeux, même lorsqu'ils sont clos[1].

Le sens de l'**ouïe**[1] a pour organe les **oreilles**. Bouchez-les, et vous n'entendrez pas. Cependant le bruit se communique vaguement au cerveau par le contact avec les os de la tête. Vous pouvez en faire l'expérience en appliquant une montre sur votre front : vous en percevrez très bien le tic tac, quoiqu'ayant les oreilles bouchées.

Le sens de l'**odorat** a pour organe le **nez**, dont l'intérieur est tapissé d'une **membrane**[1] qui arrête au passage quelques imperceptibles molécules[1] d'odeur et en transporte l'impression au cerveau.

Le sens du **goût** a pour organes la **langue** et le **palais**, tapissés de la même membrane qu'on appelle muqueuse, qui est toujours humide, et qui a, dans cet endroit, la propriété de nous avertir au passage du goût des aliments.

Le sens du **toucher** est répandu sur le corps tout entier, puisque partout le corps est sensible à l'impression des objets étrangers ; mais c'est surtout dans les mains que réside[1] le véritable tact, et c'est le bout des **doigts** qui est l'organe le plus sûr, le plus fin et le plus complet du toucher.

Outre les **sensations** qui nous viennent du dehors, c'est-à-dire du contact des objets étrangers, soit agréables, soit désagréables, il y a aussi des sensations que nous éprouvons au dedans, telles que la fièvre qui nous brûle, les maux de tête, les douleurs d'entrailles, et tant d'autres souffrances qui s'attaquent à toutes les parties de nous-mêmes.

Les **sensations intérieures** proviennent surtout de la maladie. La santé nous donne un bien-être général que nous ne remarquons pas. On ne s'en aperçoit que lorsqu'un besoin vient d'être satisfait, comme de manger quand on a faim, de boire quand on a soif.

Il ne faut pas confondre les **besoins** avec les **appétits**. Les besoins sont créés par la nature ; ils sont une nécessité qui pousse l'homme à l'action et au travail ; une fois qu'ils ont obtenu satisfaction, le corps ne demande plus rien. Mais aller au delà, c'est obéir à des appétits qui sont funestes, et qui nous ravalent[1] au-dessous des animaux. L'ivrognerie, la gourmandise, l'ardente recherche de tous les plaisirs dépassent de beaucoup la limite de nos besoins et détruisent le corps par l'abus des sensations, qui ne nous ont été données par la nature que pour nous apprendre à le conserver.

LEXIQUE.

Heurter, cogner, frapper.

Organe, instrument, outil, moyen.

Clos, fermé.

Ouïr est un vieux mot qui signifie entendre.

Membrane. La peau extérieure, celle qui recouvre la figure, les mains, tout le corps, s'appelle peau ; la peau fine et humide qui commence aux lèvres et qui garnit tout l'intérieur du corps, s'appelle membrane.

Molécules, parties infiniment

petites, comme la poussière qu'on voit dans un rayon de soleil, et même encore plus petites.

Résider, demeurer, habiter, re ter.

Ravaler, rabaisser, faire de cendre.

EXERCICES.

1. Nommez les cinq sens. — Exposez l'utilité de chacun d'eux.

2. Quelle idée un aveugle-né peut-il se faire du monde? — Comme peut-il suppléer au sens qui lui manque? — Quelles sont les chose dont il ne pourra jamais se faire une idée exacte?

3. Quelles sont les choses dont un sourd de naissance ne pour jamais avoir l'idée? — Pourquoi les sourds de naissance sont-ils mue aussi?

4. Si nous n'avions que la vue sans le toucher, pensez-vous q nous connaîtrions réellement les choses? — Citez des exemples po prouver que la vue seule ne suffirait pas : un bâton plongé da l'eau, les distances, les effets de perspective. — Qu'appelle-t-on per pective? — Pourquoi, sur un tableau ou un dessin, représente-t-on pl petit ce qui est plus loin? — Est-ce réellement plus petit? — Qu inconvénient y aurait-il à représenter tous les objets à leur vraie gra deur?

5. Quels sont les sens qui vous paraissent les plus nécessaires, pourquoi?

6. Quelle différence faites-vous entre la santé et la maladie? Racontez ce qu'on éprouve quand on a la fièvre. — Vous souvenez-vo de quelque maladie que vous avez eue? — Qu'appelle-t-on la convale cence?

7. Citez des exemples pour prouver que vous comprenez la diff rence entre les besoins et les appétits.— Faut-il confondre l'appétit av les appétits? — Dites ce que vous en pensez.

III

L'intelligence.

Quand vous prenez dans la main une boîte carrée, un boule de neige, un fer chaud, ce n'est pas votre mai qui juge si l'objet qu'elle touche est rond, carré, chau ou froid ; c'est vous qui le **jugez** d'après les indication qu'elle vous communique. Quand vous entendez u chant, ce n'est pas votre oreille qui sait quel est ce cha et ce qu'il signifie ; elle sert d'instrument pour vous l transmettre et c'est vous qui l'appréciez[1]. Quand ur odeur de violette ou de rose frappe votre odorat, quand vos regards se portent sur un tableau, ce n'est pas le nez, ce n'est pas l'œil qui décide quelle est cette odeur, quel est ce spectacle ; c'est vous qui en êtes juge, après que le nez et l'œil vous ont averti. Dans ces circonstances, le nez, l'œil, l'oreille, la main, n'ont été que des instruments à votre service, des facteurs qui vous ont apporté un message ; mais le vrai maître du logis, le vrai juge, c'est vous, c'est votre **intelligence**.

Nos sens nous servent à deux choses : ils nous font connaître **le monde** qui nous entoure, et ils nous aident à nous connaître **nous-mêmes**.

Sans les sens, nous serions enfermés dans notre corps comme un prisonnier dans sa cellule. Supposez que ce malheureux prisonnier ait été amené la nuit dans un cachot absolument noir, creusé au milieu de murs profonds. Il ne voit rien, il n'entend rien, il ne sait pas où il est. Mais si l'on perce un trou par où il puisse entendre ce qui se dit au dehors, un autre trou par lequel il puisse voir dans la rue, il apprend alors où il est, ce qu'il y a autour de lui. Nos sens remplissent auprès de nous le même office[1]; ils nous font connaître les sons, les couleurs, les odeurs, les formes; ils prouvent à notre intelligence l'existence de la création et ils lui en racontent les merveilles.

En même temps, ils nous apprennent à nous connaître nous-mêmes. Sans eux, nous serions semblables à un homme endormi. Quand vous dormez, vous êtes comme mort, vous ne parlez ni ne pensez ; vous ne savez pas seulement si vous êtes. Si, à ce moment-là, quelqu'un vous secoue le bras, il vous réveille, il vous donne conscience de vous-même. C'est ainsi que les sensations opèrent[1] sur notre esprit; elles nous révèlent au fond de nous-mêmes un être qui sent et qui pense, qui est différent de nos membres et qui reçoit leurs services, un chef qui centralise[1] dans son bureau les renseignements de tous ses employés.

L'intelligence, quoique éveillée et développée par les sens, peut subsister après que quelques-uns d'entre eux se sont éteints. On peut perdre, par suite de maladie, d'accident, le sens du goût ou celui de l'odorat, on peut devenir sourd, aveugle ou paralysé, sans que l'intelligence disparaisse. Elle est supérieure aux sens, elle est d'une autre nature qu'eux. L'homme peut cesser de sentir le monde extérieur et garder **conscience de lui-même** ; son esprit a créé un monde au dedans de lui ; sa pensée est en mouvement quand même son corps ne peut plus remuer ou sentir.

Vous est-il arrivé quelquefois d'être au lit, malade, blessé, immobile? Est-ce qu'alors votre **esprit** ne veillait pas, ne s'agitait pas, ne pensait pas à mille choses diverses, beaucoup plus que si vous aviez été dans la cour à jouer avec vos camarades ? Et quand vous étudiez ou que vous faites un devoir, tranquillement assis sur votre banc, votre intelligence ne travaille-t-elle pas bien davantage que lorsque vous êtes excité par quelque exercice violent ou quelque vif plaisir ?

LEXIQUE.

Indications, signes.
Apprécier, juger.
Remplir un office, s'acquitter d'une charge, d'une fonction, faire un travail.
Opérer, agir.
Centraliser, réunir au même centre, au même lieu.

EXERCICES.

1. Si vous avez les yeux bandés et que vous promeniez vos mains sur une statue de Jeanne Darc, que vous avez vue souvent, devinez-vous ce que vous touchez? — A quoi le devinez-vous? — Est-ce votre main ou votre intelligence qui en décide?— Quelle est la part qui, dans ce cas, revient aux sens, et quelle est celle qui revient à l'intelligence?
2. Supposez un homme qui n'a jamais rien vu, ni touché, ni entendu, ni senti, ni goûté, et donnez-lui les sens l'un après l'autre. — Racontez ce qu'il éprouvera.
3. Dites les ressemblances et les différences que vous trouvez entre le sommeil et la mort.

IV

L'intelligence (*suite*).

Quel beau feu d'artifice nous avons vu à la fête! Des fusées éclataient au milieu du ciel noir et se répandaient comme une pluie d'étoiles rouges, vertes ou bleues. Et, à la fin, une gerbe[1] de feux de toutes couleurs, un véritable bouquet de fleurs enflammées, nous a éblouis. Même aujourd'hui, il semble que nous le voyons encore. Pourquoi cela? Parce que nous nous en souvenons. C'est une **faculté** de notre intelligence, qu'on appelle la **mémoire**, qui retient ce que nous avons vu, entendu ou senti. Sans cette faculté, nous ne pourrions rien savoir, parce que les impressions s'effaceraient aussitôt qu'elles seraient reçues.

Si l'on écrit avec le doigt sur le sable, le premier coup de vent l'efface; si on grave sur la pierre, l'inscription reste. Notre mémoire grave les objets dans l'intelligence, de sorte qu'ils restent longtemps après qu'ils nous ont frappés pour la première fois.

Notre intelligence ne garde pas seulement le souvenir des choses passées; elle fait plus encore; elle en crée, elle en **invente** qui n'ont jamais existé. Vous vous rappelez sans doute avoir vu à la ménagerie un lion, un tigre, d'autres animaux féroces. Mais vous n'avez jamais vu, ni personne n'a vu des chevaux ailés, des sphinx[1], des sirènes[1], des chimères[1]. Et pourtant les poètes en parlent, et vous vous en faites une idée. C'est une faculté de notre esprit, qu'on appelle l'**imagination**, qui a le pouvoir de créer ainsi ce qui n'existe pas. Elle crée des images. Elle nous transporte dans des pays enchantés, dans les royaumes des fées[1] et des bons génies[1].

Les contes, les légendes[1], les aventures fantastique tout cela provient de l'imagination. Un poltron n'ose p sortir seul la nuit; son imagination lui retrace mil spectres prêts à s'emparer de lui, des fantômes embu qués[1] à tous les coins. L'imagination est une riche puissante faculté, qui sert à embellir la vie, mais qu faut apprendre à gouverner pour qu'elle ne nous cau pas beaucoup de maux.

Si je vous demandais ce que c'est que l'**abstractio** vous seriez sans doute embarrassé pour me répondr et pourtant, c'est une faculté de votre intelligence do vous faites souvent usage. Voici en quoi elle consist Lorsque je vois un cheval blanc, un chat blanc, un chi blanc, je sais reconnaître que ce sont des animaux bie différents, mais ils ont un trait commun, c'est leur co leur. Je lui donne un nom : la blancheur. Si je touche main d'un ami, un poêle allumé, une pierre qui est d puis longtemps au soleil, je sais bien que ces objets r se ressemblent guère, mais je remarque qu'ils ont un tra commun, ils me produisent une même **impressio** que je sépare dans mon esprit des objets qui me la con muniquent, j'appelle cela la chaleur. Votre maître vo en citera bien d'autres exemples ; il vous apprendra **abstraire**[1] des objets particuliers une idée général comme la rondeur, la pesanteur, etc.

Notre intelligence est très naturellement portée à faire des **idées générales**. Ainsi je vois une pierre ton ber d'un toit, j'en conclus que toutes les fois qu'un pierre n'est plus retenue, elle tombera. J'ai vu des mor ceaux de bois sec nager sur l'eau, j'en conclus que pa tout le bois sec est plus léger que l'eau, et que par cons quent il doit surnager. Ce que je vois se produire sou mes yeux en ce moment, je déclare qu'on le verra dan tous les temps, et dans tous les lieux, que c'est une lo générale de la nature. Je n'ai pas eu besoin d'aller l vérifier[1]. Je sais, grâce à cette faculté de mon esprit qui **généralise**[1] les faits, qu'en Amérique aussi bien qu'en Europe, il y a mille ans comme aujourd'hui, les corps lourds sont attirés vers la terre, et que les corps légers flottent à la surface de l'eau.

Vous voyez que notre intelligence ne se borne pas à ce que nos sens lui découvrent, mais qu'elle va plus loin qu'eux, qu'elle les dépasse, qu'elle devine et qu'elle affirme ce qu'ils ne peuvent ni voir, ni entendre, ni toucher, et qu'elle va jusqu'à reconnaître les **lois** mêmes de la nature.

LEXIQUE.

Gerbe. On appelle gerbe une poignée d'épis de blé, et quelquefois un gros bouquet de fleurs ramassées à pleines mains.

Sphinx, animal inventé par les poètes grecs ; il était censé avoir la tête d'une femme, le corps d'un lion et les ailes d'un aigle.

Sirènes, même origine. Femmes qui étaient censées vivre dans la mer, avec un corps de poisson ; on leur attribuait une voix délicieuse.

Chimères, même origine. Monstres effrayants avec une tête de lion, un corps de chèvre, une queue de dragon, et qui étaient censés vomir des flammes.

Fées ou **génies**, personnages imaginaires, qu'on supposait doués d'une puissance exceptionnelle, et armés d'une baguette magique qui pouvait tout transformer.

Légende, conte, récit qui passe de bouche en bouche, mais qui n'est pas vrai.

Embusqué, caché, aux aguets.

Abstraire, séparer.

Vérifier, examiner, voir si une chose est vraie.

Généraliser, dire qu'une chose qu'on voit arriver quelquefois arrive toujours.

EXERCICES.

1. Cherchez ce qui a le plus frappé votre esprit depuis que vous êtes au monde, et ce que votre mémoire vous rappelle le mieux. — Racontez-le.

2. Montrez pourquoi la mémoire est nécessaire au charpentier, au cordonnier, à tous les autres artisans pour faire leur métier ; — montrez aussi pourquoi elle est nécessaire pour apprendre l'orthographe, l'histoire, l'arithmétique, etc.

3. Dites quelle différence il y a entre la mémoire et l'imagination.

4. Donnez des exemples de choses qui n'existent que dans l'imagination.

5. Qu'y a-t-il de réel et qu'y a-t-il d'imaginaire dans les fables de La Fontaine que vous connaissez?

6. Avez-vous jamais vu la rondeur, la blancheur, la pesanteur? — Comment ces idées vous sont-elles venues? — Citez d'autres qualités, soit du corps, soit de l'esprit.

7. Comment savez-vous que les petits enfants pleurent en Océanie comme dans votre commune? — Est-il nécessaire d'y aller pour le savoir? — Citez des faits qui doivent se passer de la même manière sur toute la terre sans qu'il y ait besoin de les voir pour en être sûr.

V

La sensibilité morale.

Quand un enfant se fait du mal, il pleure; mais je suis sûr que vous avez vu pleurer pour d'autres motifs. Nous ne sommes pas sensibles seulement au plaisir et à la douleur que ressent notre corps, mais aussi aux sentiments de **joie** ou de **peine** que nous éprouvons dans notre **âme**.

Les **sentiments** les plus profonds que vous connaissiez sont bien certainement votre amour pour vos parents et votre désir de leur être agréable. Quelle joie quand on peut le dimanche se promener en **famille**, tous bien portants, tous heureux d'être ensemble!

Il n'y a rien au monde d'aussi fort que la **tendresse** d'un père et d'une mère pour leurs enfants. Le moindre mal qui arrive à leur fils, à leur fille est une douleur poignante[1] au cœur des parents. Si l'enfant est malade, s'il meurt, s'il se conduit mal, s'il se déshonore par ses fautes, s'il se laisse entraîner par de mauvaises compagnies, les parents sont désespérés.

Quel **bonheur** ils éprouvent au contraire quand leurs enfants sont bons, sont sages, contentent leurs maîtres, font des progrès!

Si vos frères ou vos sœurs ont des succès, quand bien

même il ne vous en revient rien à vous personnellement, vous en êtes **heureux**, parce que vous les aimez.

Nous sommes sensibles à tout ce qui arrive de bon ou de mauvais à notre famille; son sort fait battre notre cœur. C'est là que nous sommes nés, que nous avons vécu, que nous avons été nourris, entretenus et aimés. Mais nous aimons d'autres personnes, en dehors de la famille; nous avons des **amis**, nous nous intéressons à eux, nous sommes sensibles à leur affection, nous sommes prêts à nous dévouer pour leur faire du bien, et nous savons que nous pouvons attendre d'eux la pareille.

Il n'est pas nécessaire d'être de nos amis pour nous intéresser. L'homme est sensible au malheur des autres, même quand il ne les connaît pas. Si vous entendez parler d'un grave accident, si l'on vous lit dans un journal le récit d'une horrible catastrophe [1], votre cœur s'émeut. La vue d'un malade, d'un vieillard infirme, d'un estropié vous afflige. Il suffit qu'on appartienne à la race humaine pour qu'on ait dans le malheur des droits à notre **sympathie** [1].

Cette sympathie est pourtant plus vive lorsqu'il s'agit des gens de notre nation et de notre langue. Lorsque nos soldats sont engagés dans une guerre, lorsque le drapeau tricolore flotte sur un champ de bataille, nous éprouvons des sentiments d'anxiété jusqu'à ce que nous connaissions l'issue [1] du combat, et des sentiments de joie et d'orgueil lorsque nous recevons la nouvelle d'une victoire. Nous aimons notre **patrie** comme une grande famille et rien ne nous semble plus naturel et plus beau que de la servir et de donner sa vie pour elle.

Pouvez-vous rester indifférent lorsqu'on vous raconte que Léonidas s'est fait tuer avec ses Spartiates, jusqu'au dernier, pour défendre l'entrée de la Grèce contre le roi des Perses; que le romain Décius s'est précipité dans un gouffre avec la pensée qu'il assurait ainsi le salut de sa patrie ; que le chevalier d'Assas s'est fait percer de cent coups d'épée pour avertir son régiment d'un piège qui lui était tendu ; que le jeune Viala a couru au-devant d'une

Viala coupant le câble sous le feu de l'ennemi.

mort certaine pour préserver les Républicains des bords de la Durance d'une dangereuse attaque ? Devant de pareils actes, nos yeux se mouillent d'émotion.

Tout ce qui est bien et beau nous touche. Les grands spectacles de la nature nous frappent d'**admiration** : les hautes montagnes, la mer immense, les splendeurs du soleil couchant, les espaces infinis d'une nuit étoilée. Notre pensée se porte vers l'auteur de ce merveilleux univers, et nous l'**adorons** sans le connaître.

LEXIQUE.

Poignant, qui pique, qui fait beaucoup de mal.

Catastrophe, grave accident, grand malheur.

Sympathie, sentiment qui fait qu'on souffre avec ceux qui souffrent, et aussi qu'on se réjouit avec ceux qui sont heureux. Avoir de la sympathie pour quelqu'un, c'est se plaire avec lui, éprouver les mêmes sentiments qu'il éprouve, c'est l'aimer.

Issue, fin.

EXERCICES.

1. Que faudrait-il penser d'un être qui ne serait sensible qu'aux maux ou qu'aux plaisirs du corps?

2. Pourquoi l'amour de la famille est-il le premier que nous ressentions?

3. Un petit enfant peut-il savoir ce que c'est que la patrie? — Quelles choses avez-vous dû apprendre avant de vous faire un peu l'idée de la patrie?

4. Qu'appelle-t-on la sympathie? — Pour qui avez vous déjà éprouvé ce sentiment?

5. Racontez l'histoire de Léonidas, — de Décius. — du chevalier d'Assas, — de Viala. — Cherchez si vous pouvez citer d'autres traits de dévouement pour la patrie.

6. Peut-on servir la patrie autrement que dans ces circonstances exceptionnelles? — Dites comment vous l'entendez.

VI

La volonté.

Avez-vous quelquefois réfléchi à la différence qu'il y a entre : *je voudrais* et *je veux*? L'un des deux est faible, et l'autre est fort; l'un ne mène pas à grand'chose, et l'autre conduit au but. Lorsqu'un enfant dit: je voudrais travailler, je voudrais avoir des prix, je voudrais faire plaisir à mes parents, il exprime sans doute un bon sentiment, un désir louable; mais ce n'est qu'un désir, et il n'est pas beaucoup plus avancé après qu'auparavant. Mais celui qui dit : je veux m'instruire, je veux faire des progrès, je veux me lever tôt, je veux obéir à mes maîtres, je veux devenir sage et bon, celui-là a une force que n'a pas l'autre, si du moins ce ne sont pas des mots en l'air qu'il prononce, et s'il veut réellement ce qu'il dit.

Quand vous voyez à la foire un hercule[1] qui soulève

des poids énormes, vous dites : Qu'il est fort ! Sa forc n'est rien du tout comparée à celle de la volonté. U lion aussi est fort ; mais le dompteur en vient à bout, e ce n'est qu'à force de volonté. On peut être très grand très gros, très vigoureux, on peut même être très violen très irascible [1], et manquer de **volonté**. On s'emporte on crie, on donne de gros coups de poing sur la table on frappe du pied, et puis, quand l'accès est passé, o oublie ce qu'on voulait, et on se laisse conduire, soit a bien, soit au mal, par un compagnon plus chétif peut être, plus tranquille, mais qui a de la volonté, qui sait c qu'il veut, et qui le veut solidement.

Presque tous nos actes sont **volontaires**, mêm lorsque nous n'y faisons pas attention. Je veux sortir d la chambre ; je lève une jambe, puis l'autre et je march sans m'apercevoir des mouvements que j'ai faits ; je le ai faits tout naturellement, mais il faut bien que je l aie voulus, puisque personne ne m'a pris la jambe pou la lever. J'étais libre de rester ou de partir. Je suis libr en ce moment de prendre ma plume ou de la laisser. J veux lever le bras, mais rien ne m'y oblige ; je le lèv parce que je veux bien. Quand je suis dans la rue, je vai selon que je le veux, à droite ou à gauche ; je march en avant ou je reviens sur mes pas. C'est ma volont seule qui le décide, en se conformant à des raisons qu'ell examine et qu'elle pèse. Si c'est l'heure de dîner, mo estomac me dira d'aller à la maison ; mais j'ai un an malade ; je sais que je n'aurai pas d'autre moment pou aller le voir ; je suis libre de choisir. Ma volonté décid d'imposer silence à mon estomac et d'aller d'abord rem plir les devoirs de l'amitié. Rien ne m'y contraint ; j m'y oblige moi-même.

Il arrive qu'à force de vouloir toujours la même chos je finis par en prendre si bien l'**habitude** que je le fa ensuite presque machinalement [1], sans le vouloir, souvent même contre la résolution que j'avais prise de ne plus le faire. Voyez l'ivrogne. Il était bien libre de ne pas boire ; personne ne lui a mis un entonnoir dans la bouche pour y verser du vin par force. Il a voulu boire une fois au delà de sa soif ; il a recommencé le lendemain ; il l'a fait si souvent que sa volonté est **esclave** maintenant et qu'il lui faut un effort considérable pour briser son habitude. Le paresseux était bien libre de travailler. Il n'avait qu'à le vouloir. Il a voulu ne rien faire ; il en a pris l'habitude, et maintenant il lui en coûte tous les jours davantage pour se mettre au travail, tandis que c'est un plaisir pour l'écolier laborieux.

La volonté est la plus grande force de l'homme. Elle est libre. Mais l'habitude peut la plier au bien ou au mal, et une fois que le pli est pris, il est difficile à défaire.

LEXIQUE.

Hercule, héros de la fable antique, renommé pour la force de son corps. On appelle hercule un homme grand, gros et vigoureux.

Irascible, qui se met facilement en colère.

Machinalement, comme une machine, sans savoir ce qu'on fait.

EXERCICES.

1. Quelle différence y a-t-il entre le désir et la volonté ? — Entre la colère et la volonté ? — Entre la force de corps et la volonté?

2. Citez des mouvements involontaires, — des mouvements irréfléchis, — des mouvements volontaires.

3. Pouvez-vous expliquer si c'est la même chose d'être *volontaire* ou d'avoir de la volonté ? — Quelle est la différence ? — Lequel des deux vaut le mieux?

4. Citez de bonnes habitudes.

5. Citez de mauvaises habitudes.

6. Peut-on changer ses habitudes? — Lequel est le plus facile, de changer les bonnes ou les mauvaises?

Cherchez quelle comparaison on peut faire et que l'on fait souvent entre nos habitudes et la croissance d'un arbre.

VII

L'esprit et le corps.

Nous avons un corps, cela n'est pas difficile à savoi Ce **corps** a des **membres**, qu'on appelle les pieds, le jambes, les bras, les mains, la tête. Ces membres ne so pas **inertes**[1]; ils sont faits pour agir et ils agissent ; ils n sont pas **insensibles**[1], mais au contraire accessible à toutes les impressions du dehors.

Le corps est une admirable machine, merveilleus ment **organisée**[1] pour la vie. Il a une charpente os **seuse** pour le soutenir; il a un système[1] de **muscles** de **nerfs**, qui portent le mouvement depuis le **cervea** jusqu'aux dernières extrémités des membres et qui co duisent toutes les impressions des sens au cerveau ; il un système de canaux pour transporter le **sang** depu les **poumons** jusqu'au cœur par les **artères** et pour ramener du cœur aux poumons par les **veines** ; il a laboratoire[1] de **respiration** dans les poumons po renouveler le sang, et un laboratoire de **digestion** da l'**estomac** et les **intestins** pour faire pénétrer la nou riture dans toutes les parties de l'organisme[1].

Mais tout cela, ce n'est pas notre corps qui le sait ; n'est pas lui qui a étudié, comparé, retenu ; ce n'est p lui qui a imaginé les moyens de recherche, les instr ments de toute nature ; ce n'est pas lui qui a créé l sciences par lesquelles on finit par lire dans le cor comme dans un livre ouvert.

Qui donc a appris à connaître le corps ? C'est l'**espri** C'est notre esprit qui connaît, qui pense, qui réfléch qui se souvient. Notre corps a des sens. Notre esprit des **facultés**. Les deux, sans doute, n'en font qu'un. eux deux réunis, ils ne portent qu'un seul nom, ils s'a pellent l'**homme**. Quand je me blesse avec un coutea qui est-ce qui souffre ? C'est *moi*. Quand je respire une rose, qui est-ce qui sent l'odeur ? C'est *moi*. Quand je fais un problème d'arithmétique, qui est-ce qui pense ? C'est *moi*. Quand je reçois une bonne lettre de ceux que j'aime, qui est-ce qui est heureux ? C'est *moi*.

La vie du corps et la vie de l'esprit appartiennent donc au même être, mais comme elles sont différentes ! La vie du corps s'appelle aussi **vie animale**, parce qu'elle nous est commune avec les animaux. Les actes de la respiration, de la circulation du sang, de la digestion s'accomplissent chez l'homme comme chez le chien, le cheval, l'éléphant, la souris. Ils ont lieu machinalement, à notre insu[1], sans la participation de notre volonté, soit que nous dormions, soit que nous veillions.

Il en est autrement de la vie de l'esprit. C'est celle-là qui fait la supériorité de l'homme. Le travail, l'étude, la science, les livres, les maisons commodes que nous habitons, les tableaux dans les musées, les chants, les concerts, les discours, tout cela est la manifestation de la vie de l'esprit, le fruit de l'intelligence et de la volonté des hommes.

A côté de la vie **intellectuelle**, il faut placer la vie **morale**, celle qui consiste à faire le bien, à aimer les hommes, à dompter ses passions, à s'efforcer de devenir meilleur, à se sacrifier pour les autres, à pratiquer la justice, la vertu, la charité. Voilà réellement ce qui constitue la grandeur de l'homme et ce qui le fait le roi de la création.

LEXIQUE.

Inerte, qui n'agit pas, qui ne bouge pas.
Insensible, qui ne sent pas.
Accessible, ouvert, qui reçoit.
Organisée, arrangée.
Système, arrangement.
Laboratoire, atelier.
Organisme, le corps humain.
A notre insu, sans le savoir.

EXERCICES.

1. Quelle différence voyez-vous entre le corps et l'esprit?
2. Pourquoi appelle-t-on la vie du corps vie animale?
3. Nommez quelques-unes des fonctions de la vie animale.
4. Citez quelques manifestations de la vie de l'esprit.
5. Quelle différence y a-t-il entre la vie intellectuelle et la vie morale?
6. Pourquoi la vie morale est-elle plus noble que la vie intellectuelle? — Qu'y a-t-il de plus beau, de devenir un savant célèbre ou de se dévouer pour la patrie et pour les autres hommes?
7. Citez des gens qui se sont distingués dans la vie intellectuelle. — Citez-en qui se soient distingués dans la vie morale.

DEUXIÈME PARTIE

PRINCIPES GÉNÉRAUX DE MORALE

VIII

Objet de la morale.

La morale nous enseigne à nous bien conduire dans le monde. Elle nous apprend à régler nos mœurs[1] et nos sentiments, de manière à être honnêtes et bons.

Qu'est-ce qu'un **honnête** homme? C'est d'abord celui qui ne se fait pas conduire devant les tribunaux pour des actes coupables. Celui qui assassine, qui vole, qui bat, qui insulte les gens, qui brise ou brûle les objets appartenant à autrui, n'est pas un honnête homme. Il y a des agents de police ou des gendarmes pour le prendre, des juges pour le condamner; des prisons pour le garder.

Mais il ne suffit pas de ne pas aller en prison pour être honnête. Il y a bien des **actes mauvais** que les lois ne

Gendarmes emmenant un malfaiteur.

défendent pas et que par conséquent les tribunaux ne punissent pas.

Mal répondre à ses parents, leur désobéir, se livrer à ses passions, manger ou boire avec excès, mentir, exposer son prochain au danger ou le laisser sans secours, voilà de vilaines actions que la **morale** réprouve[1], qu'elle nous enseigne à éviter. Celui qui les commet n'est pas un honnête homme, quand bien même il n'a maille à partir[1] ni avec les gendarmes, ni avec les geôliers[1].

La morale nous enseigne encore autre chose. Ce n'est pas assez pour être honnête de ne pas faire du mal aux autres, il faut encore leur faire du bien, leur rendre des services, les aider, les soulager dans leurs misères, les avertir quand ils se trompent, les éclairer. C'est la morale qui nous donne ces leçons, qui nous apprend à accomplir nos **devoirs** vis-à-vis de tous les hommes. Mais vous savez vous-même qu'on accomplit quelquefois ses devoirs à contre-cœur[1]. Votre père vous défend de sortir le soir, et vous obéissez, mais en rechignant[1], ou bien parce qu'il a fermé la porte à clef. Votre instituteur vous donne un travail à faire chez vous, et vous le faites, mais de mauvaise humeur, et parce que vous craignez d'être puni. Un de vos camarades est tombé dans un fossé et vous l'y laisseriez si vous étiez tout seul, soit parce que vous ne l'aimez pas, soit parce que vous êtes plus pressé d'aller vous amuser ailleurs ; mais vous allez le relever, parce que l'on vous regarde et que vous ne voulez pas qu'on vous accuse de n'avoir pas de cœur.

Donner du pain à un pauvre pour être vu et admiré ; exprimer à quelqu'un des sentiments d'amitié et lui faire des protestations de dévouement quand on n'en pense pas un mot ; mépriser dans son cœur ses parents, ses maîtres ou ses camarades et s'estimer plus haut que les autres, ce sont là de **mauvais sentiments**, et l'objet de la morale est de nous apprendre que non seulement nos actions doivent être bonnes, mais aussi que nos sentiments les plus cachés doivent être bons.

On vous a appris que la grammaire est l'art de parler et d'écrire correctement, que la géographie est l'étude de la terre, que l'arithmétique est la science des nombres. Eh bien, la morale est la **science** qui nous enseigne les **bonnes mœurs**, et les bons sentiments qui produisent les bonnes mœurs.

Elle nous apprend quels sont nos devoirs et comment nous devons les remplir, pourquoi nous sommes sur la terre, ce que nous avons à y faire pour être dignes de nous appeler des hommes.

S'il est utile de savoir la grammaire, la géographie et l'arithmétique, il n'est pas moins utile et il est plus nécessaire encore de connaître la morale. Seulement, il ne suffit pas de la connaître, il faut aussi la **pratiquer**, car la vraie morale ne consiste pas à savoir ce qui est bien, mais elle consiste surtout à le faire.

LEXIQUE.

Mœurs, habitudes, conduite bonne ou mauvaise.

Réprouver, désapprouver, blâmer, condamner.

Maille à partir. Maille est un vieux mot qui signifie une petite pièce de monnaie de cuivre (une *médaille*), une obole, valant moins qu'un centime. On dit de quelqu'un qui est très pauvre qu'il n'a ni sou ni maille. Il ne faut pas confondre ce mot avec la maille d'un filet. — Partir signifie ici répartir, partager. Avoir maille à partir signifie donc : avoir à faire ensemble le partage d'une petite somme, avoir ensemble quelque chose de commun. « Il a maille à partir avec la justice, » c'est-à-dire il a une affaire avec les juges, ils s'occupent de lui, ils ont quelque chose à débrouiller avec lui.

Geôlier, gardien de prison.

A contre-cœur, à regret, avec ennui, malgré soi.

Rechigner, faire la grimace, être maussade, de mauvaise humeur.

EXERCICES.

1. Dites ce qu'il ne faut pas faire pour être un honnête homme. — Dites ce qu'il faut faire pour être un honnête homme.
2. Qu'est-ce qui attend celui qui viole les lois ? — Qu'est-ce que les lois défendent ?
3. Qu'est-ce que les lois ne défendent pas et qui pourtant est mauvais ?
4. A côté de ce que la morale défend, qu'est-ce qu'elle commande ?
5. Citez des exemples où, tout en ayant l'air de faire son devoir, on ne le fait pourtant pas réellement.
6. Pourquoi est-il utile de savoir la grammaire — la géographie — l'arithmétique ?
7. Citez d'autres sciences qu'il est utile de savoir. — Et pourquoi ?
8. Pourquoi est-il utile de connaître la morale ? — Qu'y a-t-il de plus nécessaire, la morale ou la grammaire ? — Donnez vos motifs.
9. Quelle est la vraie manière de prouver qu'on connaît la grammaire ? — Quelle est la vraie manière de prouver qu'on connaît la morale ?

IX

La conscience morale.

Enfant, ne vous est-il jamais arrivé, au moment de commettre une mauvaise action, d'entendre en vous-même une voix secrète qui vous disait : Ne le fais pas ! Cette **voix intérieure**, c'est la **conscience**.

Lorsqu'un enfant se trouve en face d'une devanture[1] bien garnie, soit de jouets attrayants[1], soit de gâteaux appétissants, pourquoi, même s'il est sûr qu'on ne le verra pas, n'allonge-t-il pas la main pour s'emparer d'objets qui lui feraient plaisir ? Qu'est-ce qui l'en empêche ? C'est la conscience.

Pourquoi le père de famille, qui travaille péniblement pour gagner le pain de ses enfants et de sa femme, s'il trouve dans la rue ou dans une maison une bourse pleine d'or, ne la gardera-t-il pas pour lui ? Quel est l'obstacle qui l'en détourne ? Qu'est-ce qui lui ordonne de remettre sa trouvaille[1] au maire ou au commissaire de police ? Qu'est-ce qui lui défend de s'approprier un bien qui ne lui appartient pas ? C'est la conscience.

Lorsqu'un malheureux a commis un crime, pourquoi, livré à lui-même, éprouve-t-il des **remords** ? Quel est l'aiguillon qui le tourmente et lui ôte le repos ? Quel est le censeur[1] sévère qui l'accable de reproches et lui rappelle sans cesse son crime ? C'est la conscience.

Et vous-même, écolier qui lisez cette page, quand vous avez manqué à vos devoirs envers vos parents, vos maîtres ou vos camarades, pourquoi êtes-vous tourmenté, mécontent ?

Il peut arriver que par un mensonge on se dérobe au **châtiment** ; il peut arriver qu'on trompe tout le monde et qu'on passe pour bon alors qu'on a été mauvais. Croyez-vous qu'on en soit plus heureux pour cela ? Non, la conscience n'est pas satisfaite et ne vous laisse pas en paix.

Il n'y a pas d'homme qui n'ait une conscience. Seulement il y en a qui l'ont peu éclairée et d'autres qui ferment l'oreille à ses avis.

Comme il y a en nous un instinct qui nous fait distinguer le plaisir et la souffrance, le froid et la chaleur, la lumière et les ténèbres, nous portons aussi en nous un instinct qui nous fait **discerner**[1] le **bien** du **mal**.

Il n'est pas nécessaire d'être très instruit pour savoir qu'il est mal de tuer, de voler, d'abuser de sa force contre de plus faibles que soi, d'insulter ses parents, de faire punir ses camarades. On sait aussi très facilement qu'il est bien d'être obéissant à ses maîtres, de dire la vérité, de relever un homme qui tombe. Ces choses-là se sentent sans qu'on ait besoin de nous les dire.

Le petit enfant qui commence à parler et à penser sait déjà qu'il y a du bien et du mal, et on le voit se cacher pour accomplir ses petits méfaits, pour déchirer le papier qui tapisse la chambre, pour prendre les outils de son père, pour mettre la main dans l'armoire sur les friandises qu'il convoite[1].

Les sauvages ont une conscience, ils obéissent à une **loi morale**, ils savent qu'il y a des actions bonnes et des actions mauvaises ; mais pour les sauvages comme pour les petits enfants, il manque bien des points à leur morale. Il faut fortifier leur instinct, éclairer leur raison. Ils savent qu'il y a du bien et du mal, mais cela ne suffit pas ; il faut leur apprendre ensuite tout ce qui est bien et tout ce qui est mal.

Le premier instinct est juste, mais il s'agit de le **développer**. C'est l'œuvre de l'**éducation**. Mettez à un enfant qui n'a jamais dessiné un crayon dans la main ; il a bien l'instinct de faire avec ce crayon des lignes droites et des lignes courbes ; mais quel barbouillage ! Peu à peu, à mesure qu'il s'exerce, sa main devient plus sûre et ses dessins prennent du sens.

Nous avons tous une voix, et le petit enfant lui-même ne manque pas de s'en servir ; mais qu'il parle mal d'abord et qu'il chante mal avant d'avoir appris ! Peu à peu, à mesure qu'il exerce sa voix et qu'il la développe, elle rend des sons différents et il devient capable de bien parler et de chanter agréablement.

Il en est de même pour la conscience morale. Elle s'éclaire par l'éducation et se fortifie par l'**exercice.**

LEXIQUE.

Devanture, le devant d'une boutique, l'étalage d'un magasin.

Attrayant, qui attire, qui fait envie.

Trouvaille, objet trouvé.

Censeur, juge. Censurer veut dire critiquer, blâmer.

Discerner, distinguer.

Convoiter, désirer.

EXERCICES.

1. Racontez ou imaginez des occasions où la voix de la conscience se fait entendre. — Cette voix parle-t-elle à nos oreilles? — Quand elle vous parle, vos voisins l'entendent-ils?
2. Dites quelles raisons aurait le père de famille pour conserver la bourse qu'il a trouvée, et ce qu'il pourrait se dire pour ne pas la rendre.
3. Dites quelles raisons il doit se donner pour la rendre.
4. S'il ne connaît pas la personne qui a perdu la bourse, que faudra-t-il qu'il fasse?
5. Savez-vous quelque chose sur les peuplades barbares de l'Afrique ou de l'Amérique qui prouve qu'elles ont une conscience peu éclairée?
6. Racontez quelque faute commise par des gens qui en savaient assez pour ne pas la commettre.
7. En quoi êtes-vous plus développé depuis que vous allez en classe? — A quoi vous a servi jusqu'à présent l'éducation que vous avez reçue?

X

La liberté et la responsabilité.

Si vous rencontrez un homme qu'on emmène en prison dans une voiture, pieds et poings liés, pouvez-vous dire qu'il est **libre?** Non, puisqu'il ne peut faire aucun mouvement.

Lorsqu'il sera enfermé dans sa cellule, avec une double porte de bois et de fer, une étroite fenêtre garnie de grosses grilles, pouvez-vous dire qu'il est libre ? Non, puisqu'il ne peut pas sortir et agir comme il le voudrait.

Et pourtant ce prisonnier n'est pas privé de toute sa **liberté**. Il peut crier, s'agiter, se secouer terriblement.

Supposez même qu'il ait été pris par des malfaiteurs, qui lui aient mis un bâillon dans la bouche et qu'il ne puisse proférer aucun cri, il n'aura pas encore perdu sa liberté. Il peut, s'il le veut, se résigner ou se mettre en colère, attendre patiemment sa délivrance ou maudire ceux qui le retiennent.

Sa volonté reste libre, quoiqu'il soit enchaîné. Il peut souhaiter à ses ennemis tout le mal possible, ou leur par donner ; il peut préparer les plus affreux projets de vengeance ou se promettre d'être assez prudent pour ne plus s'exposer aux mêmes dangers. A le voir, étendu, garotté[1], inerte[1], on pourrait croire que c'est une chose plutôt qu'un homme, et pourtant son esprit est éveillé, son intelligence travaille, sa **volonté** est libre ; il ne lui manque que les moyens d'agir.

L'homme est libre, c'est là son plus grand caractère. Il peut **choisir**, à son gré, le bien ou le mal ; il n'est jamais forcé d'agir autrement qu'il ne veut. On peut le menacer, le frapper, le martyriser[1], le tuer même; mais on ne peut pas l'obliger à vouloir ce qu'il ne veut pas.

C'est parce que l'homme est libre de faire le bien ou le mal qu'on peut dire que ses actions sont **bonnes** ou **mauvaises**. Un arbre se casse et blesse un enfant au passage, on ne peut pas réprimander[1] cet arbre et dire qu'il a fait une mauvaise action. Un mur se renverse et tue plusieurs ouvriers qui travaillaient à côté, on ne peut pas dire que ce mur soit coupable. Il n'y a de **mérite** ou de **faute** que lorsqu'on sait ce qu'on fait, et lorsqu'on l'a voulu.

On dit qu'un homme est **responsable**, c'est-à-dire qu'il doit répondre de son acte, lorsqu'il agit en connaissance de cause, avec **intention.** Dans ce cas, il a mérité un éloge ou une **récompense** si l'acte est bon, et un blâme ou un **châtiment** si l'acte est mauvais.

Un petit enfant qui détruit les papiers les plus précieux et les plus nécessaires à sa famille n'est pas responsable de son acte, parce qu'il n'en comprend pas la portée. Un fou qui met le feu à une maison n'est pas responsable, parce qu'il ne sait pas ce qu'il fait. Un chasseur qui blesse son ami d'un coup de fusil en croyant tirer sur le gibier, n'en est pas responsable, parce qu'il a agi contre son intention. Un homme ivre qui commet les plus funestes violences pendant son ivresse et qui tue un passant en jetant ses meubles par la fenêtre n'est pas non plus responsable de la gravité de ses actes, parce qu'il n'en a pas conscience.

Mais il y a pourtant, dans la plupart de ces exemples, une part de **responsabilité.** Le petit enfant est coupable de désobéissance. Le chasseur est coupable d'imprudence. L'ivrogne est coupable de s'être mis volontairement en état de folie.

Il arrive quelquefois que le plus coupable n'est pas celui qui commet une action, mais celui qui a **conçu** le projet et qui, par ruse ou par force, décide de moins intelligents que lui à l'exécuter. Plus on est intelligent, mieux on comprend la **portée** de ses actes, plus on a été éclairé et instruit sur ses devoirs, plus aussi on porte le poids d'une lourde responsabilité. On peut être en certaines circonstances responsable **de ce que font les autres.**

Un camarade qui donne de mauvais exemples ou de mauvais conseils est responsable des fautes de ceux qu'il a entraînés au mal. Un père qui élève mal ses enfants est responsable de leurs vices. Mais lorsqu'un père, un maître ou un ami ont fait tout ce qu'ils ont pu pour retenir sur la pente du mal leur ami, leur élève ou leur fils et n'y ont pas réussi, leur responsabilité s'arrête. Ils ont eu la volonté de bien faire, ils n'en ont pas eu le pouvoir.

LEXIQUE.

Garotté, attaché, lié fortement.
Inerte, sans mouvement.
Martyriser, torturer, faire souffrir.
Réprimander, gronder.

EXERCICES.

1. Dites les réflexions que vous feriez si vous étiez emmené en prison l'ayant mérité.
2. Si vous y étiez emmené par erreur, à la place d'un autre.
3. Si vous étiez lié et bâillonné par des voleurs.
4. Racontez des cas où l'on fait du mal sans le vouloir.
5. Où l'on fait du bien sans le vouloir.
6. Dites pourquoi une locomotive n'est pas responsable des malheurs qu'elle cause en déraillant.
7. Des arbres admirablement soignés produisent des fruits délicieux. — A qui en revient le mérite, aux arbres ou au jardinier ? — Et pourquoi ?
8. Dans une classe qui fait des progrès rapides, qui en est responsable? — Les élèves ou le maître? — Faites la part des différents mérites.
9. Pourquoi, lorsqu'une bande de voleurs est prise, le chef est-il plus sévèrement condamné?
10. Tâchez d'expliquer ce qu'on entend par le mot de *circonstances atténuantes*.

XI

Le devoir.

Vous avez vu passer un bataillon de soldats, clairon sonnant, baïonnette au fusil. Quelle exactitude et quelle précision dans la marche! Il y a des centaines de jambes, il semble qu'il n'y en ait que deux; les pieds frappent tous ensemble la terre; les pantalons rouges vont et viennent avec régularité. Au commandement des chefs, la troupe s'arrête, tourne par file[1] à gauche ou par file à droite ; les rangs s'allongent ou se raccourcissent. Tous ces hommes manœuvrent comme un seul homme. Pourquoi cela ? Parce qu'ils obéissent tous à un même **ordre**, parce qu'il y a dans ce régiment une **discipline** qui soumet tous les soldats à la même **loi**.

Dans une école bien organisée, il en est de même. Les enfants sont nombreux, et pourtant il n'y a ni bruit ni désordre. Au même moment chaque classe vaque[1] à son travail, et tous les élèves de la classe suivent la même leçon, font les mêmes exercices. D'où vient cela ? De ce qu'il y a dans cette école une **loi**, une **discipline** à laquelle tous les écoliers sont soumis. On ne les a pas consultés ; cette discipline a commencé avec l'école ; il faut que tous l'acceptent. Ceux qui s'y refusent seront punis.

Ce ne sont pas les soldats et les écoliers seulement qui sont soumis à une discipline et qui doivent obéir à une loi. Ce sont tous les hommes sans exception.

Il y a des **lois** qui régissent[1] la société et qui ont été faites contre les assassins, les voleurs, les incendiaires, les perturbateurs[1] du repos public. Tous les habitants d'un pays sont soumis à ces lois sous peine d'amende ou de prison. Mais il y a une **loi supérieure** à toutes les autres, une loi qui domine tous les hommes, à quelque rang qu'ils se trouvent, jeunes ou vieux, patrons ou ouvriers, maîtres ou élèves, c'est la loi du **devoir**. Celle-là est écrite dans toutes les consciences et elle ne se laisse pas discuter.

Elle dit **catégoriquement**[1] à chacun de nous : Fais, ou ne fais pas. Elle ordonne ce qui est bien ; elle défend ce qui est mal. Ce ne sont pas des conseils qu'elle donne ; il n'y a pas de permission à lui demander ; elle n'accorde pas de privilèges ou de faveurs. Elle **commande**. Il n'y a pas d'arrangement avec le devoir, comme il peut y en avoir avec un officier complaisant, ou avec un professeur indulgent, ou avec un juge qui hésite.

Le devoir s'explique clairement : ceci est bien, donc tu dois le faire ; ceci est mal, donc tu dois ne pas le faire. Ses ordres sont **évidents**[1] pour tout le monde. On peut très bien ignorer une foule de lois qui se trouvent dans nos codes, sur les ventes et les achats, sur les héritages, sur les impôts, et se tromper de bonne foi. Mais on ne peut pas ignorer les prescriptions du devoir. Elles sont plus claires que le jour.

Aimer nos parents ; respecter nos maitres ; rendre à chacun ce qui lui appartient ; faire aux autres ce que nous voulons qu'ils nous fassent, etc. : voilà des principes évidents, et nous savons, sans qu'il y ait besoin de nous le dire, que nous sommes obligés de les pratiquer.

Ce n'est pas parce que nous y trouvons notre intérêt, parce que nous évitons des châtiments, parce que nous en serons récompensés, ce n'est pas même parce que nous en éprouvons du plaisir, ce n'est pas pour ces motifs-là que nous obéissons au devoir, c'est **parce qu'il est notre loi,** et qu'en ne la suivant pas, nous ne sommes plus des hommes. Ainsi le soldat qui désobéit à ses chefs et qui trahit son drapeau n'est plus un soldat.

La loi du devoir est **universelle :** quelque ignorants et arriérés qu'ils soient, les derniers des peuples la connaissent, et cela a eu lieu de tous les temps. Depuis qu'il y a des hommes sur la terre, et aussi longtemps qu'il y en aura, le devoir existe et il commande. C'est une loi éternelle et **qui ne change pas.** On peut l'appliquer différemment ; il y a des gens qui se font des devoirs que d'autres ne connaissent pas ; mais ce qui ne varie pas, c'est l'obligation absolue d'obéir à la conscience, quand elle a parlé clairement.

LEXIQUE.

File, rang, rangée. Par file à gauche, en faisant aller à gauche la rangée de soldats.

Vaquer à son travail, s'occuper de son travail.

Régir, gouverner.

Perturbateur, celui qui cause du trouble.

Catégoriquement, d'un ton de commandement.

Évident, qui est clair, qui n'a pas besoin d'explication.

EXERCICES.

1. Pourquoi la discipline est-elle nécessaire dans l'armée? — Qu'arriverait-il s'il n'y en avait pas?

2. Pourquoi est-elle nécessaire dans l'école? — Quels seraient les inconvénients si elle n'existait pas?

3. Que serait une société d'hommes sans lois? — Cherchez à en donner la description. — Par quelles lois commenceriez-vous si vous aviez à en donner à une pareille société?

4. Quels sont les caractères de la loi morale? — Exposez qu'elle est: impérative — évidente — désintéressée — universelle — éternelle.

5. Cherchez s'il y a des devoirs qui ont varié avec les temps ou avec les peuples. — Les habitants de la France ou les peuplades sauvages croient-ils avoir les mêmes obligations? — Quels sont pourtant les devoirs qui leur sont communs, la loi à laquelle tous doivent se soumettre?

6. Si tous ne comprennent pas les devoirs de la même manière, est-ce que tous ne se sentent pas obligés de les accomplir?

7. Cherchez s'il y a des gens qui s'imaginent avoir des obligations qu'ils n'ont pas réellement. (La superstition. Le fanatisme.)

XII

La vertu.

Que l'odeur de la rose est douce et que ses couleurs sont brillantes! Le rosier qui la produit ne se donne aucune **peine** et n'a aucun **mérite**. Il porte ses fleurs sans effort. Il n'en est pas de même de la **vertu**. Elle coûte beaucoup de peine aux hommes, et elle est le fruit d'un long et vigoureux **effort**.

Jacques B. était l'enfant d'un pauvre ouvrier qui n'avait pas le temps de s'occuper de lui et de le surveiller. Pendant que son père était au travail, il allait à l'école. Souvent des camarades cherchèrent à l'en éloigner, à l'emmener jouer avec eux dans la campagne ; il eût bien préféré les jeux en liberté à la classe sombre où un vieux maître le battait souvent. Car à cette époque les écoliers n'avaient pas les belles classes et les bons instituteurs d'aujourd'hui. Mais il **résistait** à ses désirs, parce qu'il avait promis à son père de ne pas manquer la classe, et qu'il ne voulait pas lui mentir.

Quelquefois il était puni injustement, et il avait grande envie de dire au maître quel était le vrai coupable ; mais il **se retenait**, sachant qu'il est mal de se faire rapporteur et d'attirer la punition sur les autres.

Lorsqu'il fut entré en apprentissage, il lui arriva un jour qu'une dame, à laquelle il avait porté de la marchandise de la part de son patron, croyant lui donner quelques sous, y avait mêlé par mégarde[1] une pièce d'or de vingt francs. A ce moment-là, il n'y avait chez lui que la misère ; il était mal vêtu, mal nourri ; son père était sans ouvrage. Que de choses il eût pu s'acheter avec cette pièce d'or ! La **tentation** était forte. Mais Jacques savait qu'il n'avait pas le droit de s'approprier le bien d'autrui. Il résista et courut rendre la pièce à la dame qui la lui avait donnée.

Plus tard, il voyait ses compagnons passer leur dimanche et leurs soirées au café, boire, jouer, se donner du bon temps, comme ils disaient. Il eût aimé à les suivre. Mais il **lutta** contre ce désir, sut rester sobre, rentrait le soir chez lui, s'occupait à lire, tenait compagnie à son père vieilli et infirme. Le dimanche, il le menait promener dans un fauteuil roulant qu'il avait acheté de ses économies et qu'il traînait lui-même, fermant l'oreille aux moqueries de ses camarades, quoiqu'elles lui fussent bien sensibles.

Devenu soldat, il partit pour la guerre. Son chef le plaça un jour en sentinelle dans un poste avancé et dangereux. Il entendait les balles siffler près de lui, il était à demi mort de peur et il éprouvait la tentation de profiter des ombres de la nuit pour se dérober. Il sut **vaincre** cette tentation, et, quoique blessé assez grièvement, il réussit à rendre un éminent service à son camp et à le sauver, par ses avertissements, d'une ruine certaine.

Il a rapporté dans la **vie civile**[1] cette ferme **résolution** de vaincre ses penchants, d'obéir courageusement à son devoir ; cet effort **persévérant** a produit en lui la vertu, dont il s'est fait peu à peu une **habitude** qui ne lui coûte plus maintenant aucune peine.

George Washington[1] était un jeune officier américain. Choisi par ses compatriotes pour les diriger dans la guerre de l'indépendance des provinces américaines contre l'Angleterre, il eut le bonheur de les mener à la victoire. Aussi éminent dans la paix que dans la guerre, il devint le chef élu de la nation et fut le premier président de la République des États-Unis.

Il aurait pu usurper[1] un pouvoir royal et permanent, acquérir de grandes richesses et se procurer, par ces moyens, des jouissances que la plupart des hommes envient. Il eut peut-être à lutter contre la tentation d'imposer à son pays des lois despotiques et de profiter des circonstances pour devenir un maître absolu[1] et incontesté. Il sut résister à cette tentation.

Il aima mieux rester un magistrat intègre[1], un citoyen respectueux de la liberté de ses concitoyens, un homme de bien, modeste, dévoué à sa patrie, et descendre du fauteuil présidentiel pour le céder loyalement à son successeur.

Sa vie tout entière avait été un **effort continuel** pour accomplir son devoir, et il en avait pris à ce point l'habitude que ce dernier acte de désintéressement n'a pas étonné de sa part. Washington fut un homme **vertueux**.

LEXIQUE.

Par mégarde, sans y faire attention.

Vie civile, la vie ordinaire, la vie de ceux qui ne sont pas soldats. La vie des soldats s'appelle la vie militaire.

Washington (George), né en Virginie (Amérique), le 22 février 1732, mort le 14 décembre 1799. Élu président des États-Unis en 1789 pour 4 ans, puis en 1793 pour la même période; il refusa de l'être une troisième fois et rentra dans la vie privée.

Usurper, s'emparer injustement.

Absolu. Un maître absolu ou un despote est celui qui ne se laisse pas lier par les lois, qui ne supporte aucune contradiction.

Intègre, honnête, pur.

EXERCICES.

1. Racontez l'histoire de Jacques B. — Racontez des traits de vertu, soit que vous les ayez retenus de vos lectures, soit que vous en ayez entendu parler.
2. Dites comment un écolier peut être vertueux ; quelles sont les vertus qui sont à sa portée.
3. Pourquoi est-il mal de se faire rapporteur? — Dans quelles occasions serait-il bien, au lieu d'être mal, de dénoncer un coupable?
4. Pourquoi Jacques faisait-il bien de ne pas suivre ses compagnons au cabaret ou au café ? – Est-il toujours mal d'y aller ?
5. Pouvez-vous raconter des traits de courage militaire?
6. Dites quelles sont les pensées que pouvait avoir Jacques quand il était en sentinelle avancée. — Celles qui le portaient à fuir. — Celles qui le portaient à rester.
7. Racontez l'histoire de Washington.
8. Pouvez-vous citer des hommes qui n'ont pas imité l'exemple de Washington ? (Auguste, Cromwell, Napoléon Ier, Napoléon III, etc. — Que savez-vous de ces hommes?
9. Dites ce qu'il peut y avoir de tentant à s'emparer du pouvoir suprême, et quels motifs ont dû déterminer Washington à ne pas le faire.

XIII

Les sanctions de la morale.

La véritable récompense de la vertu, c'est la **satisfaction** qu'elle procure à la conscience, tandis qu'au contraire le crime est toujours suivi de **remords** et qu'une mauvaise conscience rend l'homme malheureux.

Pygmalion, roi de Tyr[1] il y a près de trois mille ans, avait commencé son règne par le meurtre d'un membre de sa famille. Cruel et cupide[1], il dépouillait et tuait ses sujets. Agité par le souvenir de ses crimes, il s'enfermait, dit-on, dans un immense palais entouré de gardes, et il changeait chaque fois d'appartement pour se mettre en sûreté contre le poignard des conspirateurs. Il périt étranglé après une existence **empoisonnée** de mille **terreurs**.

Charles IX, roi de France, avait consenti à l'égorgement d'une partie de ses sujets et de ses hôtes dans la nuit maudite de la Saint-Barthélemy, et l'on rapporte même que, d'une fenêtre du Louvre, il tirait avec son arquebuse[1] sur les malheureux fugitifs. Sa fin fut horriblement **troublée** par le remords ; une fièvre violente s'emparait de lui ; dans son délire[1] il se retraçait les scènes du massacre, et une mortelle **angoisse** étreignait[1] son cœur. Il mourut dans le **désespoir**.

Les **tortures** du remords vont jusqu'à obliger les criminels à se dénoncer eux-mêmes ; ils se trouvent plus tranquilles lorsque les hommes connaissent leur forfait que lorsqu'il faut en garder le secret dans leur conscience **bourrelée**[1].

Quand nous avons manqué à notre devoir, nous ressentons, selon la gravité de notre action, du **regret**, du

repentir ou du **remords**. Quand nous avons accompli notre devoir, nous éprouvons de la **satisfaction**, de la **joie** ou du **bonheur**, selon l'importance du bien que nous avons pu faire. C'est là ce qu'on appelle la **sanction** de la loi morale, c'est-à-dire la peine ou la récompense qui y est attachée.

L'honnête homme trouve aussi sa récompense dans l'**estime** des autres. L'ouvrier laborieux et consciencieux attire la confiance de son patron, l'employé fidèle est bien vu de ses chefs, le marchand honnête se fait une clientèle qui ne l'abandonne pas. La bonne conduite, le travail assidu, la sobriété et l'épargne sont les fondements de la **prospérité**, et tout le monde s'intéresse au succès de braves gens qu'on voit désireux de bien faire.

Quant aux grandes vertus qui ont brillé d'un vif éclat dans l'histoire, la postérité[1] en garde le souvenir et la **gloire** les couronne. On ne répète qu'avec admiration les noms d'Aristide[1], de Socrate[1], de Caton[1], de Bayard, de Coligny[1], de Washington et de bien d'autres encore qui peuvent nous servir de **modèles**.

L'inconduite amène fréquemment la **ruine**. Les mauvaises mœurs, l'ivrognerie, la tromperie, la violence, l'injustice nuisent à ceux qui s'en rendent coupables ; on les méprise, on les abandonne, et la misère devient leur partage. Ceux qui violent les lois de la morale en sont habituellement les premières **victimes**.

Il arrive cependant que la vertu n'est pas toujours récompensée ni le vice toujours puni sur cette terre. On voit d'honnêtes gens souffrir et des coquins réussir. Aussi est-ce une croyance universelle qu'**une autre vie** rétablira l'ordre troublé et que **Dieu**, le juste juge, remettra le bien et le mal à leur véritable place. Il ne voit pas seulement nos actions, mais il lit aussi dans nos cœurs. Il est le bien par excellence, et c'est assez pour nous de mériter son approbation. Nous n'avons pas à désirer de plus haute récompense.

LEXIQUE.

Tyr, ville d'Asie, sur le bord de la mer Méditerranée. C'était autrefois la capitale d'un royaume qui s'était enrichi par le commerce maritime.

Cupide, avare, qui convoite le bien d'autrui.

Arquebuse, ancien fusil très lourd, en usage à cette époque-là.

Délire, trouble de l'esprit, causé par la fièvre.

Étreindre, serrer, presser.

Bourrelé, tourmenté.

Postérité, les descendants, ceux qui naissent longtemps après.

Aristide, général de la république d'Athènes, il y a plus de 2,200 ans.

Socrate, philosophe athénien, qui vivait un peu après Aristide.

Caton, un des plus illustres citoyens de la République romaine.

Coligny, amiral de France, né en 1517, assassiné le 24 août 1572.

EXERCICES.

1. Faites-vous lire ou lisez dans le *Télémaque*, de Fénelon, l'histoire de Pygmalion, roi de Tyr, et racontez-la ensuite.
2. Si vous savez quelque chose sur le crime de la Saint-Barthélemy (24 août 1572), racontez-le.
3. Essayez de dire la différence qu'il y a entre le regret, le repentir et le remords. — Imaginez des actions qui doivent produire un de ces trois sentiments.
4. Essayez de dire la différence qu'il y a entre la satisfaction, la joie et le bonheur. — Imaginez des actions qui doivent produire un de ces trois sentiments.
5. Pourquoi arrive-t-il naturellement que les bonnes mœurs conduisent au bien-être et les mauvaises mœurs à la ruine?
6. Citez des noms d'hommes vertueux.
7. Citez des noms d'hommes qui ont laissé une mauvaise réputation.
8. Dites quel est le personnage de l'histoire que vous admirez le plus et pourquoi.
9. Dites quel est celui que vous blâmez le plus, et pourquoi.
10. Savez-vous si quelquefois la vertu est malheureuse et le crime couronné de succès? — En pourriez-vous donner des exemples? — Quelles pensées cela vous inspire-t-il?

TROISIÈME PARTIE

APPLICATIONS DE LA MORALE

XIV

Devoirs envers soi-même.

Vers la fin du moyen âge[1], la ville de Genève était sous la domination des ducs de Savoie. Comme cette domination était lourde et despotique, les Genevois essayèrent plus d'une fois de la secouer. Un de leurs chefs, Bonivard, ayant été vaincu et pris, fut plongé par ordre du duc dans un des cachots souterrains du château de Chillon. Ce château est bâti sur le lac Léman, et le

Le château de Chillon.

cachot de Bonivard se trouvait au-dessous du niveau de l'eau. C'est dans ce lieu obscur et humide qu'il passa plusieurs années, ne pouvant rien y faire que se promener de long en large, au point qu'il avait usé le roc avec ses pas.

Pensez-vous que, dans cette solitude profonde, Bonivard n'eût aucun devoir à remplir? Il ne vivait pas avec les hommes, mais il était avec lui-même, et c'était déjà assez pour qu'il eût des obligations. Il se devait à lui-même de rester calme, patient, d'élever ses pensées, de se souvenir de la bonté et de la noblesse de la cause pour laquelle il souffrait injustement. Quoique seul, il avait sa conscience, et elle commande non seulement aux actions, mais aux pensées et aux sentiments.

Mon ami, je ne sais pas ce que vous êtes, si vous êtes jeune ou vieux, riche ou pauvre, bon ou mauvais ; mais je sais qui vous êtes : vous êtes un **homme** ! Oui, quels que soient votre nom, votre âge, votre sexe, votre situation, vous appartenez à la race humaine, et par conséquent vous êtes tenu de respecter l'homme qui est en vous, comme vous devez le respecter dans les autres.

Non seulement, sans vous avoir jamais vu, je sais qui vous êtes, mais sans être prophète, je sais aussi ce que vous devez devenir. Vous avez été créé et mis au monde pour devenir une **personne morale**, pour grandir en connaissance, en sagesse, en vertu, pour rechercher ce qui est beau et bien. Pour en arriver là, vous avez une intelligence, une conscience, une volonté libre, et ce sont ces facultés que vous devez respecter en vous.

Vous ne voulez pas qu'on vous traite comme un animal, qu'on vous enchaîne, qu'on vous batte, qu'on vous parle grossièrement, qu'on vous jette votre nourriture ainsi qu'à un chien. Pourquoi ? Parce que vous sentez que vous avez un caractère supérieur à celui de l'animal, une dignité qui commande des égards. Et vous avez raison.

Vous portez en vous une **âme immortelle**, faite pour la justice, la liberté et la vertu, et toute votre conduite doit s'inspirer de ce sentiment. Vous manquez à votre devoir envers vous-même toutes les fois que vous vous abaissez, que vous vous dégradez, que vous commettez des actes qui vous rapprochent de l'animal.

Les mêmes motifs que vous avez pour honorer les autres, vous les avez pour vous honorer vous-même, et votre devoir est de vous rendre de plus en plus honorable. Le désir de pouvoir s'estimer soi-même est, pour les coupables, le commencement de la réhabilitation[1]. Celui qui perd le **respect de lui-même** ne respectera plus rien au monde.

Entendons-nous bien ; ce que nous devons respecter en nous, ce n'est pas la beauté, la richesse, la force, ce n'est même pas les quelques vertus que nous avons pu acquérir ; non, c'est surtout ce que nous devons devenir, le **germe idéal**[1] qui est déposé en nous, la vocation morale à laquelle nous sommes appelés.

Dans notre France, du temps des rois, quand il naissait un garçon dans la famille royale, on annonçait cette naissance par des salves[1] d'artillerie et le bruit des cloches sonnant à toutes volées[1]. Les plus grands seigneurs de la cour, maréchaux et généraux, princes, ducs, marquis, comtes, ornés de leurs plus riches vêtements de soie, de velours et d'or, se présentaient devant le nouveau-né, lui faisaient les salutations les plus profondes, courbaient le genou, et lui adressaient de pompeux discours.

Au fond, à qui s'adressaient ces protestations[1] ridicules, ces génuflexions[1] et ces harangues[1] ? Est-ce à cet enfant au maillot, qui ne les entendait pas et qui criait dans son berceau, préférant le sein de sa nourrice à tant de marques de respect ? Non, ces marques de respect visaient dans l'enfant le roi futur, celui qui devait un jour devenir leur maître, revêtu d'éclat et de puissance.

De même, ce que nous respectons dans l'homme, ce que nous devons respecter en nous-même, c'est le caractère d'homme qui se dégagera peu à peu en nous, à mesure que nous avancerons en âge, de manière à ce que nous devenions des êtres **libres**, **moraux** et **vertueux**, les rois de la création.

Notre devoir envers nous-même, c'est de travailler à devenir tels et de faire par conséquent tout ce qui peut contribuer à ce résultat, comme d'éviter tout ce qui nous en détournerait.

LEXIQUE.

Moyen âge. On divise l'histoire en trois grandes périodes : *l'histoire ancienne* jusqu'à l'époque de Jésus-Christ ; *le moyen âge* depuis ce moment-là jusqu'à la prise de Constantinople par les Turcs, en 1453 ; *les temps modernes* jusqu'à nos jours.

Réhabiliter, rétablir quelqu'un dans ses droits, lui rendre l'honneur, la considération, l'estime.

Idéal, ce qui n'est encore qu'en idée. *L'idéal*, c'est ce que l'homme doit devenir un jour, le but auquel il doit tendre, ce qu'il y a de plus beau et de meilleur.

Salves, décharges de plusieurs coups de canon tirés à la fois ; c'est une salutation militaire.

A toutes volées, lancées avec force.

Protestations, affirmations.

Génuflexion, action de fléchir le genou en signe de soumission.

Harangues, discours.

EXERCICES.

1. Que pensez-vous de la punition infligée à Bonivard? — Supposez-vous à sa place. — Imaginez quelles pensées devaient occuper son esprit. — Quels devoirs ne pouvait-il pas remplir ? — Lesquels pouvait-il remplir ?

2. A quelle race appartenez-vous ? — Y a-t-il d'autres races que celle-là? — Qu'est-ce qui distingue particulièrement la race humaine? — Qu'est-ce que nous avons tous de commun, malgré l'âge et la situation ? — Qu'est-ce qui nous distingue les uns des autres ?

3. Qu'est-ce qu'on appelle une personne morale ?

4. Quand manquons-nous à nos devoirs envers nous-mêmes ?

5. Qu'est-ce qu'il y a de respectable en nous ?

6. Que devons-nous tâcher de devenir ?

7. Pourquoi les harangues des courtisans à un prince nouveau-né étaient-elles ridicules? — Que pensez-vous de cette coutume de fléchir le genou devant un enfant? — Devant un homme ? — A-t-elle disparu de notre pays ? — Pourquoi ?

XV

La tempérance.

Il n'y a pas de plus hideux[1] spectacle que celui de l'**ivrogne**. Il engloutit[1] la boisson jusqu'à ce qu'il perde la tête. Ses paroles sont celles d'un fou; il chante des chansons malhonnêtes; il injurie et il frappe ceux qui l'entourent. Sa démarche est chancelante[1]; il n'y voit plus; il se heurte aux murs; sa volonté ne guide plus ses pas. Bientôt il roulera dans la boue, se relèvera pour retomber encore, et restera gisant[1] dans quelque ruisseau, à demi mort, plus semblable à une brute qu'à un homme. Le pourceau qui se vautre[1] dans la fange n'est pas plus **bestial**[1] que lui.

Les fiers Spartiates, voulant dégoûter leurs fils de ce **vice** immonde[1], leur montraient quelqu'un de leurs malheureux esclaves, qu'on nommaient Hilotes[1], en proie à l'**ivresse**, afin de leur faire voir un être aussi rapproché que possible de la bête, et de leur faire sentir l'**abjection**[1] dans laquelle ce vice peut précipiter une créature humaine.

La **gourmandise**, dont les effets immédiats sont moins révoltants, est aussi un vice indigne de l'homme. Le **gourmand** ne pense qu'à **manger**, il se remplit avidement de nourriture, et comme il se fatigue des mets qu'il prend en grande quantité, il faut qu'il en invente de nouveaux. Il dépense son temps, son esprit et ses ressources dans cette recherche qui n'aboutit qu'à le rendre lourd, malade, inutile.

On cite des souverains de l'antiquité et des temps modernes, des rois de Perse et des empereurs de Rome, qui épuisaient et ruinaient leurs provinces pour satisfaire aux besoins de leur table et à leur gourmandise. Quand le roi des Perses, Xerxès, prenait deux repas dans une ville, il l'affamait pour un an. L'empereur Vitellius absorbait des quantités effrayantes de mets ruineux. L'empereur Héliogabale ne dépensait pas moins de 25,000 francs chaque fois qu'il se mettait à table.

Même lorsque l'ivrognerie et la gourmandise ne vont pas à ces **excès** répugnants, elles méritent encore notre aversion et notre mépris. Quelle humiliation pour un homme de s'étourdir par le vin, de perdre la lucidité de son esprit et d'affaiblir peu à peu, par la répétition de l'ivresse, même lorsqu'elle est imperceptible, les facultés de son esprit et celles de son corps ! Et quelle triste préoccupation aussi que celle de l'homme qui ne songe qu'à sa bouche et qui a plus de souci d'un mets délicat que d'une bonne action !

A ces vices de l'ivrognerie et de la gourmandise, qui épaississent le corps, ruinent la santé, alourdissent l'esprit et dégradent l'homme, vous devez opposer la **tempérance** et la **sobriété**.

Notre corps ne nous a été donné que pour servir d'**instrument** à l'esprit, et non pour devenir notre maître.

Celui qui se livre aux **passions déshonorantes** où l'entraînent les complaisances envers son corps en est bientôt l'**esclave** ; il est entraîné où il ne voudrait pas aller ; il commence par une faiblesse, et il glisse peu à peu sur une pente où il ne se retient plus. Il perd à la fois sa dignité, sa force et même la **faculté de jouir** des plaisirs dont il a abusé.

L'homme doit manger pour vivre, et non pas vivre pour manger. Il faut, quand il se lève de table, qu'il soit encore disposé à manger ou à boire, mais qu'il s'arrête parce que sa faim et sa soif sont apaisées. Il a le devoir d'entretenir sa **santé**, parce qu'elle lui est utile pour faire le bien.

Les soins relatifs à la santé s'appellent l'**hygiène**[1]. Voici en quoi ils consistent:

Respirer un air pur, aérer les chambres où l'on dort et où l'on travaille, se baigner souvent, se lever tôt, se coucher tôt, faire ses repas régulièrement et sobrement, se livrer à des **exercices** de corps, la marche, le jeu, la course, pour faire circuler le sang et développer les membres.

Ces exercices, lorsqu'ils sont réguliers, s'appellent la **gymnastique**. Ce n'est pas pour rien que vos maîtres vous en donnent des leçons, vous apprennent à lever et

Les engins de gymnastique.

à baisser les bras en cadence, à sauter, à courir en rang, à porter des haltères[1], à tourner autour du trapèze[1], à grimper au mât. Il est excellent aussi de toute manière d'apprendre à nager et, si on le peut, à monter à cheval. Ces exercices, qui sont en même temps des amusements, ont pour effet de dilater[1] la poitrine, d'assouplir les muscles, de fortifier les membres, d'endurcir à la fatigue, de prémunir[1] le corps contre les assauts de la maladie.

LEXIQUE.

Hideux, laid.
Engloutit, avale.
Chancelant, qui n'est pas solide, qui va tomber.
Gisant, tombé, couché.
Se vautrer, se rouler.
Bestial, semblable à la bête.
Immonde, sale, dégoûtant.
Hilotes, tribus vaincues par les Spartiates et réduites à la servitude. Les Hilotes étaient traités par leurs maîtres comme des bêtes de somme ; quand ils devenaient trop nombreux et qu'on pouvait craindre qu'ils ne se sentissent assez forts pour se révolter, on les chassait comme du gibier et on en tuait le plus possible.
Abjection, honte.
Hygiène, règles à suivre pour se bien porter.
Haltères, boules de fer plus ou moins lourdes, réunies par une courte tige, pour être facilement saisies avec la main.
Trapèze, barre ronde de bois suspendue à deux cordes.
Dilater, élargir.
Prémunir, fortifier, préserver.

EXERCICES.

1. Comment appelle-t-on le vice opposé à la tempérance ? — Comment appelle-t-on le vice opposé à la sobriété ?

2. Avez-vous vu quelquefois des ivrognes ? — Quelle impression vous ont-ils faite ?

3. Quelle différence y a-t-il entre l'ivresse et l'ivrognerie ? — Comment l'une mène-t-elle à l'autre ?

4. Quelle différence faites-vous entre gourmet, gourmand et glouton au point de vue de la signification des mots ? — Quelle différence faites-vous au point de vue moral ? — Dites ce que vous trouvez de blâmable dans ces différents défauts.

5. Pourquoi les Spartiates montraient-ils à leurs enfants les Hilotes ivres ?— Supposez le raisonnement qu'un père Spartiate pouvait tenir à son fils dans une pareille circonstance. — Pourquoi le Spartiate admettait-il l'idée qu'un Hilote pouvait s'enivrer, mais non pas un Spartiate ? — Quelles conclusions en tirez-vous ?

6. Quelles sont les suites de l'ivrognerie ? — Celles de la gourmandise ?

7. Que vaut-il mieux : être l'esclave, ou le maître de son corps ? — Pourquoi ?

8. Dites ce que c'est que l'hygiène. — Supposez que vous entrez dans une demeure sale, étroite et enfermée, où vivent des enfants maladifs ; donnez-leur les règles d'une bonne hygiène.

9. A quoi sert la gymnastique ? — Quels exercices connaissez-vous ? — Lesquels vous paraissent les plus agréables ? — Lesquels croyez-vous les plus utiles ?

XVI

La conservation de soi.

Charles B... était employé dans une grande Compagnie d'assurances. Il s'était marié et avait deux petits enfants. Pendant longtemps ce fut un employé modèle. Ses chefs étaient contents de lui ; il était heureux. Cette situation ne dura pas. Il avait fait quelques mauvaises connaissances ; il s'était lié avec des jeunes gens légers, paresseux et débauchés, qui l'entraînèrent dans leurs réunions. Il prit l'habitude de jouer de l'argent, perdit plusieurs fois, et se laissa aller, pour couvrir ces pertes, à puiser dans la caisse qui lui était confiée.

L'acte était à peine accompli qu'il en eut honte. Le désespoir s'empara de lui ; il se vit perdu. Prenant alors un pistolet, il s'en alla le soir dans un endroit solitaire hors de la ville, et se tira deux balles dans la poitrine.

Le lendemain matin on le ramassa baigné dans son sang, il respirait encore. On le porta à l'hôpital. Le chirurgien réussit à lui enlever l'une des deux balles ; l'autre s'était logée en un lieu où elle n'était pas mortelle. Il parvint à se rétablir.

Un de ses oncles, qui avait couvert le déficit[1] et avait obtenu sa grâce de la Compagnie, lui disait : Pourquoi as-tu **attenté** à ta vie ?

— J'en étais le maître, répondit Charles. Je m'appartiens à moi-même et je puis faire de mon corps ce qu'il me plaît.

— Non, tu ne le peux pas, car **ta vie ne t'appartient pas** et tu n'as pas le droit d'en disposer. Elle appartient à ta famille, à ta femme, à tes enfants, à ton vieux père, qui ont besoin de toi ; elle appartient à la société qui t'a élevé, qui t'a accordé ses bienfaits et qui attend tes services en échange. Tu t'es soustrait **lâchement** à ce que tu leur devais.

— Et quoi ! lâchement? Est-ce que je n'ai pas au contraire fait preuve de courage ?

— Oui sans doute, il faut un certain courage pour se loger deux balles dans le corps. Mais il fallait plus de courage encore pour venir avouer ta faute, t'exposer au châtiment qu'elle mérite, rompre avec tes amis funestes et tes mauvaises habitudes, et te mettre au travail pour réparer le passé ! En agissant ainsi, tu aurais eu du courage et tu aurais fait ton devoir. Car c'est le devoir de l'homme de ne pas **déserter le poste** où il a été placé, de ne pas fuir quand la situation lui paraît mauvaise, de ne pas trahir et abandonner l'œuvre à laquelle il est attaché.

— Oui, je le comprends, dit Charles ; la vie nous a été donnée pour faire le bien ; et j'ai été un lâche de vouloir me soustraire à ses exigences. J'ai fait comme mon cousin Victor qui s'est coupé deux doigts de la main pour être infirme afin de ne pas partir comme soldat. Je l'en ai blâmé ; je lui disais qu'il avait mal placé son courage, et qu'il eût mieux fait de s'exposer à souffrir pour la patrie que de souffrir pour ne pas la défendre. Il désertait son poste, lui aussi ; il manquait à son devoir d'homme et de citoyen, et voici que les reproches que je lui adressais, je les mérite à mon tour. Je m'en repens amèrement.

— Sans doute, repartit l'oncle ; Victor en **se mutilant** [1], et toi en essayant de te tuer, vous avez fait un vol à la patrie et à la société. Vous avez méconnu la loi morale qui oblige chacun de nous à demeurer à son poste de travail et de combat, à supporter patiemment et vaillamment les épreuves, à employer toutes nos facultés, aussi bien de corps que d'esprit, à notre amélioration morale et au service de nos semblables.

Le vieillard lui-même, usé par l'âge, accablé d'infirmités, n'a pas le droit de quitter la vie avant que la nature ne se charge de l'en délivrer. Car, à tout âge et dans toute position, la vie renferme des devoirs dont nous ne pouvons pas nous débarrasser comme d'un fardeau gênant.

Se détruire ou se mutiler par faiblesse et pour fuir les obligations de la vie, c'est se traiter comme **un objet sans valeur**, se mépriser soi-même et s'avilir.

LEXIQUE.

Déficit, ce qui manque. Couvrir ou combler le déficit, c'est ajouter ce qui manque.

Mutiler, couper, retrancher, détruire, défigurer; *se mutiler,* c'est se faire une blessure qui enlève une partie plus ou moins considérable du corps.

EXERCICES.

1. Pouvez-vous dire ce que c'est qu'une Compagnie d'assurances ?
2. Enumérez les diverses fautes auxquelles Charles B... s'est laissé entraîner successivement avant de se livrer à son acte de désespoir ?
3. Imaginez quelles pensées l'ont conduit à cet acte. — Racontez ce qu'il a pu se dire pour se décider. — Racontez quelles pensées contraires ont dû lui venir pendant la route.
4. Pourquoi l'oncle a-t-il commencé par couvrir le déficit ?
5. Pourquoi peut-on comparer l'homme qui se suicide au soldat qui déserte son poste ?
6. Que pensez-vous de la conduite de Victor ? — Pourquoi était-elle condamnable ?
7. Pourquoi a-t-on le droit de dire que Charles et Victor se sont conduits comme des lâches ?
8. Quels conseils donnerez-vous à Charles B... le jour où il va sortir guéri de l'hôpital ?

XVII

La prudence.

Un enfant courait après un papillon. Dans son ardeur, il se laissa choir dans un fossé profond; quand on l'en retira, il s'était foulé un pied et il était couvert de boue. — Ce n'est pas ma faute ! s'écria-t-il; je n'avais pas vu ce fossé; je n'y ai pas fait attention. — C'est justement là ta faute. Il fallait faire attention.

L'**étourderie** est un mal. Nous nous devons à nous-mêmes de faire attention à nos actes et d'en **calculer** les **conséquences**. Quelques exemples vous le feront sentir.

Un homme voulait bâtir une maison. Ayant négligé de s'asseoir auparavant pour calculer ses ressources, il commença imprudemment sa construction; quand il eut posé les fondements et élevé une partie des murs, il se trouva sans argent pour continuer. Tous les voisins se moquaient de lui.

Un négociant avait projeté de faire le commerce avec les nations lointaines, et il se promettait les plus magnifiques résultats de son idée; mais quand il eut établi ses hangars et loué un navire, il ne lui resta plus rien pour se procurer des marchandises, et il fut l'objet de la risée[1] générale.

Un empereur moderne imagina un jour de lancer son pays dans une guerre avec une puissance voisine. Mais avant de déclarer cette guerre, il avait omis de s'informer si ses arsenaux[1] étaient garnis, si ses places fortes étaient bien défendues, si ses troupes étaient assez nombreuses et ses généraux assez capables. Il fut vaincu, fait prisonnier, son pays fut démembré, et il est mort couvert du mépris public.

Du petit au grand, le devoir est le même; nous devons agir avec **réflexion**, avec **prudence**, aussi bien dans l'intérêt des autres que dans notre propre intérêt.

Jacques sort de l'atelier le samedi soir. Il est enchanté, la semaine a été bonne, le travail n'a pas manqué, il vient de toucher sa paye. Il fait sonner joyeusement dans sa main les pièces de cent sous. Que de plaisir il se promet pour la journée du lendemain!

Le lendemain se passe, et quand Jacques rentre chez

lui le soir, il n'est plus gai. Il a dépensé en un jour tout l'argent de sa semaine; il ne lui reste plus rien pour acheter le pain de ses enfants et payer les frais[1] de son ménage. Que de peine il se prépare pour le plaisir qu'il a pris! Il aurait dû réfléchir qu'il y a **des plaisirs qui engendrent la peine.**

Il y a aussi des circonstances où la peine est une préparation au plaisir, et où il y a profit à savoir endurer du travail, de la perte, de la souffrance même **en vue d'un bien à venir.**

Un semeur.

Le malade qui boit un remède amer au moyen duquel il recouvrera la santé, le laboureur qui jette en terre une partie de sa récolte pour obtenir la récolte future, l'écolier qui s'applique assidûment à ses leçons pour en recueillir plus tard de l'instruction et des récompenses, le père de famille qui fait des sacrifices pour élever convenablement ses enfants, agissent avec **prévoyance.** Ils se traitent eux-mêmes comme des personnes raisonnables, qui savent qu'elles ont **l'avenir** devant elles et que leur devoir est de préparer cet avenir en vue du plus grand bien possible.

L'animal n'use pas de prévoyance, il vit au jour le jour, et il gaspille[1] en un instant les bonnes aubaines[1] qu'il peut trouver. L'homme doit travailler et mettre de côté une partie des fruits de son travail. Il ne faut pas qu'il dépense tout son gain, non seulement pour son plaisir, mais même pour ses besoins.

C'est une mauvaise manière de satisfaire ses besoins que d'user largement de ce qu'on possède, ne se rien refuser, se procurer, sans compter, ce qu'on trouve de meilleur et de plus agréable. Car on voit vite arriver la fin de ses ressources, et quand viennent les jours mauvais, on se trouve dans la misère ; on est obligé de recourir aux services d'autrui, de tendre la main et de se mettre sous la dépendance de tout le monde.

C'est un devoir de dépenser avec **économie**, de se priver souvent de choses qui font envie et qui feraient plaisir, mais dont on peut se passer, et de mettre ainsi de côté l'argent de **l'épargne**. On le peut, quand on a de **l'ordre** et de la **simplicité**.

Celui qui économise, qui épargne en vue de son avenir ou de l'avenir de sa famille, pour garder l'indépendance et la dignité de sa vieillesse, remplit un devoir envers lui-même. Il s'estime et il mérite l'estime des autres.

LEXIQUE.

Risée, moquerie.

Arsenal, vaste établissement destiné à fabriquer et à conserver les armes et les munitions de guerre.

Frais, dépense.

Gaspiller, prodiguer, dépenser follement.

Aubaine, avantage, bénéfice inattendu.

EXERCICES.

1. Pouvez-vous citer des exemples qui prouvent le tort qu'on se fait à soi-même en manquant de prudence ? — Des exemples qui prouvent le tort que l'on peut faire aux autres?

2. De quel empereur moderne, de quelle guerre est-il question ici ? — Quel pays connaissez-vous qui ait été démembré à la suite d'une guerre malheureuse ?

3. Qu'auraient dû faire ce constructeur de maison ? — ce négociant ? — cet empereur ? — Racontez et appréciez l'histoire de Jacques.

4. Citez des occasions où il faut savoir supporter un mal ou se priver d'un plaisir par prévoyance ?

5. Qu'est-ce que l'économie? — Pourquoi est-elle un devoir ? — Pourquoi économise-t-on plus facilement à la campagne qu'à la ville ?

6. Est-ce que tous les animaux sont imprévoyants ? — Citez les exceptions.

7. Dites quels sont les avantages de l'épargne. — Qu'est-ce que vous savez des caisses d'épargne?

8. Demandez à votre professeur qu'il vous explique ce que c'est que les caisses de retraite pour la vieillesse. — Expliquez-le ensuite.

XVIII

Le courage.

Avez-vous vu quelquefois à l'école des enfants disposés à bien faire, et qui n'osent pas, de peur qu'un de leurs camarades ne se moque d'eux ? Qu'est-ce qui leur manque ? Le **courage.**

Un soir, quelques écoliers mutins[1] avaient projeté d'escalader les murs d'un verger[1] pour aller y voler des pommes. Il leur fallait une échelle ; Jean, le plus petit de la classe, pouvait seul se glisser par une vitre dans la serre où se trouvait cette échelle, et l'ouvrir par dedans à ses camarades. Ils le prièrent d'y aller ; il refusa, déclarant qu'il ne voulait pas se faire complice d'un vol. Ils se moquèrent de lui ; il **résista.**

Le lendemain, ils revinrent à la charge, le menaçant de le battre ; il résista. Ils passèrent des menaces aux coups, il résista encore. Ils eurent beau dans la suite le houspiller[1] de mille façons pour se venger de son refus, et le poursuivre de leurs quolibets[1], de leurs injures et de leurs brutalités, rien n'y fit. Jean était un garçon **courageux.**

Bernard Palissy était au seizième siècle un pauvre ouvrier en poterie, qui a découvert dans son art une invention de la plus grande importance. C'est lui qui a créé les faïences peintes dont le secret était perdu. Pour arriver à ce résultat, il a passé des jours et des nuits de travail et de recherches, y épuisant ses dernières ressources. Ses voisins le raillaient et le traitaient de fou; sa femme elle-même, poussée à bout par la misère, l'injuriait. Il eut le courage de **tout supporter** pour atteindre son but.

Un jour même, n'ayant plus de bois chez lui ni d'ar-

Bernard Palissy brûlant ses meubles.

gent pour en acheter, comme il fallait à tout prix ne pas laisser éteindre le four où il cuisait les poteries émaillées, se voyant sur le point d'aboutir, il jeta dans le feu jusqu'à son mobilier. Sa persévérance fut couronnée de succès. Ce n'était pas de la prodigalité, c'était du courage.

Lorsque nous souffrons, nous devons savoir **supporter notre mal** en silence, avec courage, comme il convient à des hommes. Notre devoir est d'être plus forts que le mal, et de le vaincre à force de volonté.

Il y a des enfants et même de grandes personnes qui crient à la moindre douleur; on dit qu'ils sont douillets; il faut dire qu'ils sont **lâches.**

Les Romains avaient chassé leur roi, Tarquin, à cause de sa tyrannie, et s'étaient constitués en république. Un prince du voisinage, Porsenna, roi des Étrusques, se mit en tête de rétablir Tarquin sur son trône et poussa vivement les Romains. Un des citoyens de Rome, nommé Mutius, surnommé depuis Scœvola[1], résolut de délivrer sa patrie du danger et d'aller tuer Porsenna. S'étant glissé dans le camp ennemi, il prit pour le roi un des personnages de la cour, magnifiquement vêtu, et le perça de son épée. Lorsqu'il fut saisi et amené devant Porsenna, il voulut lui montrer qu'il n'avait pas peur et quel intrépide courage animait les citoyens romains. Apercevant un brasier allumé, il y étendit la main et la laissa consumer sans manifester la moindre souffrance. Porsenna, effrayé d'avoir de tels ennemis, se résolut à faire la paix avec la République romaine.

Nous savons qu'il faut être prudent et ne pas jouer avec sa vie ; nous savons aussi que le **suicide** est un crime. Mais il est des occasions où c'est un devoir de **braver** tous les dangers et même la mort.

Le **soldat** sur le champ de bataille ne fait que son devoir en allant au-devant des balles ; le **martyr** ne fait que son devoir en supportant toutes les tortures et le dernier supplice plutôt que de trahir sa conscience.

Le courage qui brave la mort par générosité, par grandeur d'âme, avec désintéressement, s'appelle l'**héroïsme**. Pendant la guerre d'Afrique un trompette, nommé Escoffier, voit son capitaine démonté[1]; au moment où une troupe d'Arabes se précipitait sur eux bride abattue, il se jette à bas de son cheval et force son capitaine à le prendre pour s'enfuir, et, lui, il reste à la merci des Arabes qui le massacrent. Il pensait que le salut du capitaine valait mieux pour sa compagnie et pour la France que la vie du simple trompette.

En 1851, le prince Louis-Napoléon ayant violé la Constitution et dispersé par la force l'Assemblée législative, quelques représentants du peuple, prêts à se sacrifier pour sauver la France de la tyrannie, résolurent de se mettre à la tête d'une légitime résistance. Des barricades furent élevées dans certaines rues de Paris. Un des députés, nommé Alphonse Baudin, n'hésita pas à monter sur une de ces barricades pour faire comprendre aux soldats du prince l'horreur du crime auquel on les poussait. Il savait à quoi il s'exposait en agissant de la sorte, et en effet il fut tué raide d'un coup de fusil. Il est mort héroïquement **pour la défense des lois,** et il mérite que son nom lui survive, comme celui d'un bon et courageux citoyen.

LEXIQUE.

Mutin, désobéissant, révolté, querelleur.
Verger, jardin planté d'arbres fruitiers.
Houspiller, tirer, pousser, maltraiter.
Quolibet, moquerie.
Scœvola, surnom qui veut dire gaucher, manchot.
Démonté, tombé de cheval, dont le cheval est grièvement blessé ou mort.

EXERCICES.

1. Racontez l'histoire du petit Jean.
2. Racontez l'histoire de Bernard Palissy.
3. Racontez l'histoire de Mutius Scœvola.
4. Racontez l'histoire du trompette Escoffier.
5. Racontez l'histoire du député Baudin.
6. Lequel de tous ces personnages vous intéresse le plus ? — Pourquoi ?
7. Trouvez-vous que tout soit louable dans l'action de Mutius Scœvola ?
8. Qu'y trouvez-vous de bon, et qu'y trouvez-vous de mauvais ?
9. Quelle différence y a-t-il entre cette mutilation et celle de Victor, du chapitre XVI ?
10. Quelle différence y a-t-il entre la prodigalité de Jacques (chap. XVII) et celle de Bernard Palissy ?
11. Quelle différence faites-vous entre la tentative de suicide de Charles (chap. XVI) et l'acte héroïque d'Escoffier ou de Baudin ?

XIX

Le respect de la vérité et de la parole donnée.

Ésope le fabuliste était esclave, à ce que racontent les Anciens. Son maître l'ayant envoyé au marché, lui commanda d'acheter ce qu'il y aurait de meilleur. Ésope acheta des langues qu'il accommoda à toutes sauces. Le maître lui ordonna une autre fois d'acheter ce qu'il y aurait de pire. Ésope fit la même emplette sans y rien changer, et servit exactement le même repas. Comme son maître s'étonnait, Ésope répondit : La langue est à la fois ce qu'il y a de meilleur et ce qu'il y a de pire, selon l'usage qu'on en fait. La langue révèle la vérité, instruit les hommes, fait contracter des amitiés ; ou bien elle répand l'erreur, sème la haine et la discorde, et produit les guerres.

Ésope avait raison. La **langue**, c'est-à-dire la **parole**, nous est donnée pour exprimer nos pensées, pour nous faire connaître nous-mêmes aux autres hommes, pour établir avec eux des relations justes et utiles à tous. Par conséquent, notre devoir est de ne nous servir de la parole que pour nous faire connaître **tels que nous sommes**, pour dire la **vérité**.

Le **menteur** se dégrade lui-même, il est infidèle à sa vocation d'homme. Il n'y a rien de plus honteux que le **mensonge**. Et cela est si vrai et si bien senti par tout le monde que le menteur cache son mensonge avec le plus grand soin. Il ajoute un nouveau mensonge pour nier qu'il ait fait le premier. Mais s'il peut réussir à **tromper** les autres, il ne se trompe pas lui-même ; il est obligé de s'avouer qu'il commet une mauvaise action, et d'en rougir devant sa propre conscience.

L'homme qui dit toujours la vérité est semblable à un lac limpide et transparent ; le ciel bleu se reflète dans ses eaux, et l'on voit au fond le sable doré et les cailloux blancs qui le tapissent. Le menteur ressemble à une mare bourbeuse et infecte, auprès de laquelle on ne prend pas plaisir à séjourner. Le mensonge qui coûte la vie à un innocent, le mensonge par lequel on dépouille les autres à son profit, la **supercherie**, sont de véritables crimes ; mais, quoique à un degré moindre, la conscience condamne aussi les mensonges de la vanité, de la lâcheté, la **dissimulation**, l'**hypocrisie**.

Les fables, les **fictions**[1] poétiques, les drames[1] sont des mensonges innocents, parce qu'ils n'ont pas la prétention de tromper ; il peut en être de même de certains mensonges par pure **plaisanterie**, quoiqu'il soit toujours dangereux de se livrer à cet amusement et qu'il vaille mieux s'en abstenir. Ainsi, il est mal de tromper des enfants ou des ignorants en leur faisant croire des **faussetés**. C'est verser du poison à celui qui attend de nous de l'eau ou du lait pour le rafraîchir.

Nous devons avoir de l'éloignement pour tout ce qui est faux ; nous devons nous efforcer de nous guérir nous-mêmes de nos croyances **erronées** et **superstitieuses**[1], pour nous rapprocher de plus en plus de la pure et bienfaisante lumière de la vérité.

Si nous ne devons tromper personne par nos discours, à plus forte raison ne devons-nous pas tromper par nos **promesses**. Quand nous avons promis, nous devons tenir, notre honneur y est engagé ; ce n'est pas seulement aux autres que nous manquerions, ce serait d'abord à nous-mêmes. La **parole donnée** est sacrée.

Il est vrai que nous ne devons pas la donner légèrement, et que nous n'avons pas le droit de prendre des

engagements immoraux et criminels. Dans un moment de folie, un jeune homme, nommé Wolmar, avait donné sa parole à un de ses amis de mettre le feu à la maison paternelle pour profiter de la confusion et faire main basse[1] sur des trésors qu'ils convoitaient. Revenu à la réflexion, il était torturé dans sa conscience entre l'engagement qu'il avait pris et le crime qu'il fallait commettre pour garder sa parole. Qu'en pensez-vous ? Où eût été le mal ? C'eût été évidemment de tenir une promesse aussi coupable. Il ne put pas s'y résoudre, et il fit bien.

Pour rendre les promesses plus solennelles, on y joint souvent un **serment**, par lequel on appelle Dieu à témoin de la sincérité de ces promesses. On nomme **parjures** ceux qui violent leur serment. Quel que soit leur rang, qu'ils soient des monarques ou de simples particuliers, ils sont regardés justement comme les derniers des hommes, comme des êtres infâmes que la société repousse avec dégoût.

Pour l'honnête homme, toute parole donnée est un serment qui a Dieu et la conscience pour témoins et pour juges.

Régulus, général romain, avait été fait prisonnier par les Carthaginois qu'il avait plus d'une fois vaincus auparavant. Après deux ans de captivité, ceux-ci l'envoyèrent à Rome pour traiter de la paix, lui faisant promettre de revenir si les Romains ne voulaient pas traiter. Régulus, persuadé que la continuation de la guerre serait favorable à sa patrie et amènerait la ruine des Carthaginois, exhorta vivement ses concitoyens à ne pas faire la paix et les persuada.

Sa tâche terminée, il résolut de partir, malgré les supplications de sa famille et de ses amis, et malgré la certitude qu'il allait au-devant de la mort. Mais il avait donné sa parole et il n'admettait pas qu'il fût libre de la violer.

Il partit donc. Les Carthaginois, furieux du résultat de son voyage, le firent périr dans les plus horribles supplices. Le nom de Régulus est resté comme l'un des plus glorieux symboles[1] de la **fidélité** à la parole donnée.

LEXIQUE.

Fiction, invention.

Drame, représentation théâtrale de faits imaginaires ou arrangés selon la fantaisie de l'auteur.

Superstition, fausse croyance qui attribue des effets surnaturels à des objets ordinaires ou des causes extraordinaires à des effets naturels, comme de croire que la foudre est l'expression de la colère divine, ou qu'une médaille préserve de la maladie ou de la mort, ou qu'il est funeste de renverser la salière, de voyager le vendredi, etc.

Main basse. Faire main basse, piller, voler.

Symbole, représentation, image, souvenir.

EXERCICES.

1. Racontez l'anecdote d'Ésope.—Expliquez son idée.— Pourquoi la langue est-elle ce qu'il y a de meilleur ? — Pourquoi est-elle ce qu'il y a de pire ?
2. Qu'est-ce que le mensonge ? — Est-ce que tous les mensonges sont également condamnables ?
3. Qu'appelle-t-on supercherie ?
4. Qu'appelle-t-on dissimulation ?
5. Qu'appelle-t-on hypocrisie ?
6. Citez des exemples de mensonge par vanité, — de mensonge par lâcheté, — de mensonge par intérêt.
7. Qu'est-ce qu'on peut appeler des mensonges innocents ? — Citez des fables, des drames.
8 Racontez l'anecdote de Wolmar. — Imaginez ce qu'il a pu se dire en lui-même pour et contre sa promesse.
9. Qu'est-ce qu'un serment ? — Qu'est-ce qu'un parjure ?
10. Racontez l'histoire de Régulus. — Appréciez-la.

XX

La dignité personnelle.

Un pauvre ouvrier avait hérité d'un de ses oncles un vieux mobilier auquel il n'attachait pas grande importance. Parmi ces objets se trouvait une toile peinte, qu'il posa à l'envers dans un coin obscur de son grenier. Un jour qu'il était pressé par le besoin, il résolut de vendre ce qu'il appelait son bric-à-brac, et il pria un marchand du voisinage de venir lui acheter ce mobilier pour quelques sous.

C'est ce qui fut fait, mais le marchand ne voulut pas de la toile peinte, dont il n'aurait su que faire, et l'ouvrier s'en servit pour la placer devant une fente de sa mansarde par où entrait le vent.

A quelque temps de là, comme un médecin était venu voir l'ouvrier malade, le visiteur déplaça machinalement la toile peinte, et fut frappé au premier coup d'œil. Mais elle était si sale, si couverte de poussière et de crasse, et dans un coin si obscur, qu'il était difficile de bien voir ce qu'elle contenait. Le médecin demanda de l'eau et une éponge, lava la toile soigneusement, la plaça près de la fenêtre en pleine lumière, et la contempla longuement.

— Mon ami, dit-il au malade, vous avez ici une fortune. Ce tableau est un admirable objet d'art, et si vous en aviez connu le **prix**, vous ne l'auriez pas laissé dans cet état.

Le tableau fut acheté cinquante mille francs et déposé dans une des plus belles salles du musée de la ville, dont il est aujourd'hui l'un des plus rares ornements.

Chacun de vous, mes enfants, vaut beaucoup plus que ce tableau ; mais on dirait souvent que vous ne vous en doutez pas. Celui qui a le sentiment de sa **valeur**, de sa **dignité** personnelle, celui qui sait qu'il n'est pas une chose méprisable, ni un animal destiné à périr, mais qu'il porte en lui un germe de **perfection** et d'immortalité, celui-là le montre par toute sa conduite.

Il ne se plaît pas dans la saleté, dans les ténèbres, dans la grossièreté. Il se tient proprement, il surveille son langage, il cultive son esprit, il repousse loin de lui les gros mots et les basses pensées. Il croirait **se déshonorer** en prononçant des paroles ordurières, en nourrissant dans son cœur des désirs honteux, en se livrant à de viles actions.

Il a de bonnes manières, une tenue décente, un langage poli, parce qu'il a de la dignité, parce qu'il regarde comme au-dessous de lui d'être et d'agir autrement. Il a de la **pudeur**, non seulement parce qu'il respecte les autres, mais parce qu'il se respecte lui-même.

C'est pour le même motif qu'il aime l'**instruction,** parce que l'ignorance abaisse l'homme, qu'elle le livre à la merci du premier venu, qu'elle le laisse croupir dans l'erreur et les ténèbres, tandis que la science éclaire, élève, ennoblit l'esprit et lui donne les moyens de s'affranchir de la servitude et de la superstition.

Ce n'est donc pas la société qui nous entoure qui crée nos devoirs ; j'en aurais quand je serais seul au monde, parce que je suis **homme**. Nous l'avons déjà vu à propos de Bonivard.

Robinson Crusoé, quand il était seul dans son île déserte, avait des devoirs et les remplissait ; il ne se confondait pas avec les animaux, ses compagnons ; il n'oubliait pas sa dignité d'homme, et il la portait fièrement, à travers sa solitude, comme une couronne qu'il ne voulait pas déshonorer.

Il ne faut pas confondre cette **fierté** légitime que nous donne notre dignité d'homme, avec la **présomption** de celui qui se croit capable de tout, ou avec l'**orgueil** de celui qui se juge au-dessus de tous les autres, ou avec la **vanité** du niais qui vante son bel habit, ou sa belle figure, ou sa belle fortune.

Quand nous nous comparons aux autres, nous avons le devoir d'être **modestes,** parce qu'ils nous sont souvent supérieurs sur beaucoup de points, soit par le caractère, soit par le savoir, soit par le talent.

Quand nous nous comparons avec la vertu pour laquelle nous sommes faits, et qu'on appelle **l'idéal**, nous devons ressentir une sincère **humilité**, parce que nous sentons que nous sommes encore bien loin d'y atteindre.

Mais quand nous pensons que nous sommes faits pour elle et que notre race est appelée à une si haute destinée, soyons-en fiers comme du plus beau titre de **noblesse**, et agissons en conséquence. Noblesse oblige!

EXERCICES.

1. Racontez l'histoire du tableau méconnu. — Qu'a-t-il fallu pour lui donner toute sa valeur? — Quelle comparaison peut-on en tirer?
2. Qu'est-ce que nous commande le soin de notre dignité personnelle? — Énumérez les devoirs qu'elle nous impose. — Quels sont ceux qui vous paraissent les plus difficiles?
3. Racontez ce que vous savez de l'histoire de Robinson Crusoé.
4. Qu'est-ce que la présomption?
5. Qu'est-ce que l'orgueil?
6. Qu'est-ce que la vanité?
7. Pourquoi devons-nous être modestes?
8. Quelle différence y a-t-il entre la modestie et l'humilité?
9. Quel est le titre de noblesse dont nous avons le droit d'être fiers? — Expliquez le sens de ces deux mots : Noblesse oblige!

XXI

Respect de la vie d'autrui.

Nos premiers devoirs vis-à-vis des autres hommes sont des devoirs de **justice**. Nous leur devons ce que nous réclamons pour nous-mêmes. Il est juste de ne pas faire aux autres ce que nous ne voulons pas qu'ils nous fassent. Nous voulons que notre personne soit respectée;

nous avons le devoir de **respecter** à notre tour **la personne d'autrui**.

Le crime le plus grave, c'est d'attenter à la vie de son prochain. **Tuer** un homme, c'est l'acte le plus sauvage qu'un homme puisse commettre.

Même dans ce crime abominable de l'**homicide**, il y a des degrés. L'homicide commis dans un moment de colère, de rage, le **meurtre**, comme on l'appelle, cause moins d'horreur que l'homicide préparé, prémédité, froidement voulu par la haine, par la jalousie, l'envie, la cupidité[1]. Dans ces conditions, on le nomme un **assassinat**, et la conscience le flétrit aussi plus sévèrement.

Il n'est pas nécessaire de tremper ses mains dans le sang pour être coupable d'un assassinat. A côté de ceux qui exécutent le crime, il y a ceux qui le préparent, ceux qui l'ordonnent, ceux qui le facilitent, ceux qui y applaudissent.

Henri III contemple le cadavre du duc de Guise.

Lorsque Charles IX et Catherine de Médicis ont fait sonner au clocher de Saint-Germain-l'Auxerrois le signal de la Saint-Barthélemy, ils étaient des assassins, quoiqu'ils n'aient pas couru les rues de Paris pour participer aux meurtres, et quand bien même le roi n'eût pas tiré de la fenêtre du Louvre sur les fugitifs.

Quand Henri III est venu joyeusement contempler le cadavre du duc de Guise qu'il avait fait tuer parce que l'ambition de ce prince lui faisait peur, il méritait le nom d'assassin, quoiqu'il n'eût pas plongé le poignard lui-même dans le sein de son ennemi.

Outre le titre d'homme, qui doit suffire à rendre tout homme inviolable dans sa vie, il y a des liens particuliers qui donnent à l'homicide un caractère plus odieux. Le **fratricide,** c'est-à-dire le meurtre du frère par le frère, est maudit depuis les temps les plus anciens dans l'histoire des hommes. Le poète Victor Hugo nous représente Caïn, le meurtrier d'Abel, poursuivi jusqu'au bout du monde par un œil qui le regarde sans cesse et lui rappelle son crime. Il a beau se cacher derrière une muraille d'airain, derrière une enceinte de tours, l'œil est toujours là. Enfin, dit le poète, Caïn se fit creuser une tombe profonde pour s'y enfermer seul :

« Rien ne me verra plus, je ne verrai plus rien. »

Quand il se fut assis sur sa chaise dans l'ombre,
Et qu'on eut sur son front fermé le souterrain,
L'œil était dans la tombe et regardait Caïn !

Plus hideux encore que le fratricide est le **parricide,** le meurtre d'un père ou d'une mère par leur enfant.

Les légendes des anciens Grecs racontent qu'Oreste, fils d'Agamemnon surnommé le roi des rois, avait tué sa mère Clytemnestre pour venger sur elle le meurtre de son père Agamemnon que celle-ci avait assassiné à son retour de la guerre de Troie. A partir de ce crime, qui ne pouvait trouver d'excuse dans le crime de Clytemnestre, car un fils n'est pas juge de sa mère, Oreste fut poursuivi le reste de ses jours par des remords épouvantables, que les poètes dépeignent comme des Furies armées de torches, secouant autour de leur tête une chevelure de serpents.

Il y a aussi des pères, des mères assez misérables pour tuer leur pauvre petit enfant, tout jeune, impuissant à se défendre, qui leur tend ses bras innocents ! Ce crime de l'**infanticide** est tellement atroce, qu'on se demande la plupart du temps s'il n'est pas un acte de démence[1].

La brutalité, les **coups**, les **menaces** elles-mêmes sont autant de manquements au respect que doivent inspirer la personne et la vie d'autrui. Nul homme n'a le droit d'être brutal envers un autre homme, de le frapper et de le rudoyer[1]. Les enfants entre eux doivent éviter les batteries et les violences, qui habituent le cœur à la dureté. Ne levez jamais la main les uns sur les autres. L'homme doit être sacré pour l'homme.

LEXIQUE.

Cupidité, désir du bien d'autrui.
Démence, folie.
Rudoyer, traiter durement, avec rudesse.

EXERCICES.

1. Quels sont nos premiers devoirs vis-à-vis des autres hommes?
2. En quoi consiste la justice? — Dites le précepte qui la renferme tout entière.
3. Que signifie le mot Homicide? — Fratricide? — Parricide? — Infanticide?
4. Quelle différence fait-on entre le meurtre et l'assassinat? — Lequel des deux vous paraît le plus condamnable? — Pourquoi?
5. Pourquoi peut-on dire que ceux qui ordonnent un homicide ou qui excitent à le commettre sont des assassins?
6. Qui vous paraît le plus coupable, du chef qui prépare le crime ou du serviteur qui l'exécute? — Pensez-vous que celui-ci puisse néanmoins s'excuser sur l'ordre qu'il a reçu?
7. Racontez l'histoire d'Abel et de Caïn. — Que signifie l'œil dont parle le poète? — Quel autre nom peut-on lui donner?
8. Racontez le crime d'Oreste. — Qu'est-ce que signifie cette image des Furies? — Pourquoi des torches et des serpents?
9. Savez-vous d'où vient le mot de brutalité ?— A quoi ressemble le brutal? — Quelle différence doit-il y avoir entre l'homme et la brute?

XXII

Régicide. — Légitime défense. Guerre, etc.

— Est-ce que l'homicide n'est pas quelquefois une belle action ?

— Jamais ! Pourquoi me faites-vous cette question ?

— Parce que j'ai lu que deux jeunes gens d'Athènes, Harmodius et Aristogiton, s'étaient illustrés en conspirant contre la vie des deux tyrans[1] Hippias et Hipparque, fils de Périclès. Ils ne réussirent à tuer que l'un des deux, Hipparque, et ils périrent à leur tour. Les Athéniens leur ont élevé des statues. On a dit qu'ils avaient tué la tyrannie et rétabli l'égalité.

— Ce n'est jamais par le meurtre que le bien doit se faire, et le but, fût-il même excellent, ne justifie pas un crime. Il y a des gens qui exaltent[1] Charlotte Corday, jeune fille de Rouen, parce qu'elle a tué Marat, qu'elle considérait comme un tyran et qui avait contribué en effet à la mort de nombreuses victimes. Charlotte Corday était égarée par une monstrueuse erreur, et son action, qu'elle a du reste payée de sa tête, est absolument réprouvée[1] par la morale.

Ce prétendu droit de tuer les tyrans a armé la main du moine Jacques Clément contre Henri III, celle du jésuite Ravaillac contre Henri IV. Le **régicide**[1] est un crime. De nos jours nous avons vu de nombreux attentats de cette nature contre différents monarques ou chefs de nations ; l'empereur de Russie, Alexandre II, les deux excellents présidents des États-Unis, Abraham Lincoln et le général Garfield, ont péri ainsi sous les coups d'assassins. Non, le **tyrannicide**[1] n'est pas permis, bien loin d'être digne d'éloges. Ce qu'on peut admirer, tout en le regrettant, c'est le courage de ceux qui font le sacrifice de leur vie pour assurer ce qu'ils croient être le salut de leur pays ou de leur cause ; mais ils n'ont pas le droit de tendre à ce but par l'assassinat. C'est par le bien qu'il faut accomplir le bien.

— Mais si nous ne devons jamais verser le sang d'autrui, ne sommes-nous pas exposés à tomber nous-mêmes sous les coups des méchants ? Lorsqu'un assassin nous attaque, ne pouvons-nous le repousser, au risque de le tuer ?

— Sans doute. C'est ici le cas de **légitime**[1] **défense.** Je ne veux pas tuer ; je ne veux même pas blesser ; mais l'instinct de la conservation l'emporte. Cet homme qui se précipite sur moi est une menace, un danger ; je l'écarte comme j'écarterais une pierre qui va m'écraser, un animal féroce qui veut me déchirer. Si je le blesse, si je le tue pour me défendre, ce n'est pas moi qui suis le coupable, c'est l'agresseur.

— Voilà pourquoi, n'est-il pas vrai ? la **guerre** n'est pas un crime. Quand un pays est attaqué, il faut bien que ses habitants le défendent.

— Oui, mais les soldats ont le devoir de s'abstenir de toute violence inutile, de tout meurtre en dehors des nécessités de la défense, et de se souvenir, au milieu même des horreurs de la guerre, qu'ils sont hommes et qu'ils ont affaire à des hommes. Autrefois la guerre était le massacre ; les vainqueurs tuaient tout, les prisonniers, les vieillards, les femmes, les enfants. La morale ordonne d'amoindrir autant que possible les maux de la guerre, en attendant que les peuples comprennent qu'il y a d'autres moyens que les armes pour dénouer[1] leurs querelles.

— Pourquoi donc blâmez-vous le **duel**, puisque c'est une sorte de guerre où chacun des combattants est en état de légitime défense ?

— Le duel n'est pas une guerre ; c'est un reste de la barbarie ancienne. Les combattants s'exposent volontairement, librement, à commettre un homicide qui ne prouvera rien que l'habileté d'un des deux adversaires. Il n'y a la plupart du temps dans un duel que la faiblesse de caractère qui n'a pas osé résister à un préjugé stupide, ou que la vanité qui s'attache à une coutume que les nobles regardaient comme le privilège de leur état.

Le duel date d'un temps où les seigneurs étaient obligés de se faire justice à eux-mêmes, parce qu'il n'y avait pas de justice générale et supérieure. Or, l'homme n'a pas le droit de se faire justice lui-même. C'est la loi, appliquée par les tribunaux, qui est seule chargée de ce redoutable office.

— Est-ce que les juges ne se rendent pas coupables d'homicide, lorsqu'ils décident la peine de mort ?

— Non, puisqu'ils ne font qu'appliquer la loi.

La société croit encore qu'elle a besoin de la peine de mort pour se protéger contre les criminels. C'est une sorte de légitime défense qu'elle invoque. Mais on peut prévoir le moment où le respect de la vie humaine sera si puissant que la société elle-même refusera de verser le sang par représailles[1], et où la peine de mort sera rayée de nos codes. Déjà elle est appliquée de plus en plus rarement, et remplacée par la déportation dans quelque colonie lontaine.

LEXIQUE.

Tyran, despote, maître dur et cruel.
Exalter, vanter, couvrir de louanges.
Réprouver, blâmer, condamner.
Régicide, meurtre d'un roi.
Tyrannicide, meurtre d'un tyran.
Légitime, juste, permis.
Dénouer, terminer.
Représailles, vengeance.

EXERCICES.

1. Racontez l'histoire d'Harmodius et d'Aristogiton.
2. Racontez l'histoire de Charlotte Corday.

3. Qu'appelle-t-on Régicide? — Tyrannicide?
4. Que savez-vous de Jacques Clément? — De Ravaillac?
5. Que pensez-vous de ces diverses actions que l'on vient de raconter?
6. Que signifie la maxime : La fin justifie les moyens? — Montrez qu'elle est fausse et immorale.
7. Qu'appelle-t-on légitime défense? — Pourquoi l'homicide, dans ce cas, n'est-il pas un crime? — Même quand on se défend, y a-t-il lieu de ménager la vie d'autrui?
8. Dites ce que vous pensez de la guerre. — Y a-t-il, même à la guerre, certaines obligations de respecter la vie d'autrui? — Racontez les impressions qu'il vous semble que vous éprouveriez si vous étiez sur un champ de bataille, pendant et après le combat. — Par quoi pourrait-on remplacer la guerre?
9. Qu'appelle-t-on un duel? — D'où vient cette coutume? — Que signifie-t-elle aujourd'hui? — Que dit-on pour? — Que dit-on contre?
10. Qu'appelle-t-on la peine de mort? — Dites ce que vous en pensez.

XXIII

Respect de la liberté.

Après la vie, le bien le plus précieux pour l'homme, c'est la liberté. Ainsi, dans les temps primitifs, lorsqu'une tribu en avait vaincu une autre et qu'elle était lasse de tuer ses prisonniers, elle gardait le reste en **esclavage.** C'était un degré au-dessus de la mort; mais il est arrivé souvent que les vaincus ont encore préféré la mort à l'esclavage. Ce crime contre la liberté s'est maintenu dans toute l'antiquité, et il y était considéré comme un droit naturel. On croyait qu'il y avait des hommes faits pour être les maîtres, et d'autres les esclaves, de génération en génération.

Les nations européennes ont établi l'esclavage dans leurs colonies, où il n'a été aboli que de nos jours. La France l'a supprimé pendant la République de 1848, et c'est seulement à la suite de l'effroyable guerre civile de 1865 qu'il a été rayé des institutions des États-Unis d'Amérique. C'est l'honnête président Abraham Lincoln qui a eu l'honneur d'attacher son nom à cette mesure de justice et d'humanité.

Il y a encore, à l'heure actuelle, des esclaves dans les colonies espagnoles et dans le Brésil, ainsi que dans le monde musulman[1]. Sur le sol de notre pays, l'esclavage

Nègres traînés en esclavage.

avait été remplacé par le **servage,** qui était l'esclavage des champs. L'esclave avait été attaché à la personne du maître et se vendait comme un chien, un cheval ou un meuble; le serf était attaché à la terre, à la propriété, et se transmettait en héritage comme la maison ou le terrain. C'est la Révolution française de 1789 qui a fait disparaître de France les derniers restes du servage.

Ces crimes publics contre la liberté individuelle ont disparu, et il n'est plus possible à aucun de nous d'avoir des esclaves ou des serfs. Mais on peut encore aujourd'hui porter atteinte de diverses manières à la liberté d'autrui. Par exemple, un patron qui ne se contente pas des services de ceux qu'il emploie, mais qui prétend peser sur les actes de leur vie privée, leur interdire l'expression de leurs idées, régler leurs relations et leurs amitiés, attente à leur liberté.

Un autre exemple. Il arrive quelquefois que des ouvriers décident de faire grève, c'est-à-dire de ne plus travailler pendant un certain temps, jusqu'à ce qu'ils obtiennent de leurs patrons des concessions sur la durée du travail ou sur le prix de la journée.

Ces ouvriers sont dans leur droit; car ils sont libres de travailler pour qui il leur plaît; mais ils ne sont plus dans leur droit lorsqu'ils veulent obliger tous leurs compagnons à suivre leur exemple, en les menaçant et en les frappant. Ils portent atteinte à la liberté d'autrui. La grève doit être volontaire. Ceux qui ne croient pas bon de s'y associer ne doivent pas y être contraints.

N'abusez pas de votre force sur vos camarades pour les entraîner, malgré eux, en leur faisant subir le poids de votre volonté, ou par l'intimidation[1]. Vous voulez qu'on vous laisse libre; respectez la liberté des autres.

La discipline militaire et les règles imposées aux écoliers ne sont pas des atteintes coupables à la liberté, parce qu'elles sont indispensables à l'ordre et au bien de tous.

Les enfants ne sont pas en état de se diriger seuls dans le monde; aussi longtemps qu'ils sont **mineurs**[1], ils doivent être soumis à l'autorité de leurs parents et de leurs supérieurs; on n'entrave leur liberté que dans leur propre intérêt, afin de les rendre capables d'être libres, une fois qu'ils seront grands. Être libre, c'est connaître son devoir et n'obéir qu'à lui.

La vraie liberté consiste d'abord à s'affranchir de l'ignorance, de la crainte, des passions, de la misère produite par la paresse et par le vice; lorsqu'on est à l'abri de ces maîtres-là, on est en état de s'affranchir de toute tyrannie. Notre plus grand bonheur doit être de contribuer à affranchir ainsi nos semblables.

Les noms les plus glorieux sont ceux des hommes qui se sont dévoués pour les libertés publiques, et la honte accompagne ceux qui ont travaillé à l'asservissement de leur patrie.

LEXIQUE.

Musulman, mahométan. Le monde musulman renferme les peuples qui ont adopté la religion de Mahomet, en Asie, en Afrique.

Intimidation, menaces qui ont pour but de faire peur, d'intimider.

Mineur, qui n'a pas 21 ans; on appelle majeures les personnes qui ont plus de 21 ans.

EXERCICES.

1. Expliquez les origines de l'esclavage. — Pourquoi y a-t-il des hommes qui ont préféré la mort à l'esclavage? — Quels sont les pays qui ont supprimé l'esclavage? — Où est-il encore établi?

2. Quelle différence y a-t-il entre l'esclavage et le servage? — Depuis quand le servage a-t-il disparu de la France?

3. Comment peut-on aujourd'hui porter atteinte à la liberté d'autrui?

4. Qu'est-ce que c'est qu'une grève? — Cherchez à expliquer quels peuvent en être les avantages; quels peuvent en être les inconvénients et les dangers. — Quel est le droit que ne peuvent s'arroger ceux qui font une grève?

5. Pourquoi les enfants ne peuvent-ils pas jouir de la même liberté que les grandes personnes?

6. Dans quel sens peut-on dire que l'ignorance, la crainte, le vice, sont des tyrans qui tiennent l'homme en esclavage?

XXIV

Respect de l'honneur et de la réputation d'autrui.

Un voyageur passait à cheval dans un bois; un chien qui dormait sur la route fut réveillé en sursaut[1] par le bruit et se mit aussitôt à aboyer, à sauter autour du cheval, à lui mordiller[1] les jarrets. Le cheval prit le galop. Le voyageur, furieux de cette rencontre, dit au chien, qui s'amusait à courir à sa suite : « Je n'ai pas d'arme à la main pour me débarrasser de toi, mais j'ai dans la bouche un moyen de vengeance assuré. » Lorsqu'ils furent arrivés au bourg, le voyageur cria : « Au chien enragé ! » A ce cri, les habitants sortirent de leurs maisons avec des bâtons, des fourches, des fusils, et le pauvre chien fut immédiatement assommé.

Quelle est l'arme dont le voyageur s'était servi? La **calomnie,** qui tue parfois plus sûrement qu'une arme à feu.

Il y a des gens qui prennent plaisir à dénigrer[1] leur prochain, à lui imputer de mauvaises actions qu'il n'a pas faites, des paroles qu'il n'a pas dites, des sentiments qu'il n'a pas. C'est ce qu'on appelle calomnier.

Les uns se livrent à la calomnie par légèreté, par étourderie, pour occuper la conversation, et sans réfléchir à la gravité du préjudice[1] qu'ils causent aux victimes de leurs paroles mensongères.

Les autres calomnient sciemment[1], par désir de nuire, par haine, ou pour profiter du malheur qu'ils espèrent causer. Pour se débarrasser de ceux qui les gênent ou qu'ils détestent, ils font comme fit le voyageur à l'égard du chien qui l'ennuyait.

Au siècle dernier vivait à Toulouse une honnête famille de marchands, nommée Calas, qui jouissait d'une grande réputation d'honneur et d'austérité. Le fils aîné, Marc-Antoine, n'avait malheureusement pas suivi les exemples de la maison paternelle ; et à la suite de chagrins que lui avait attirés sa mauvaise conduite, il résolut de mourir. On le trouva un jour pendu dans le corridor de la maison. Des voisins chuchotèrent d'abord qu'il avait été tué par son père, pour des motifs de religion. Cette calomnie grandit bien vite, la population fanatique de la ville y ajouta foi ; le vieux et honnête Calas fut traîné devant les juges qui le condamnèrent à l'épouvantable supplice de la roue.

A la même époque, le comte de Lally-Tollendal était gouverneur de l'Inde française. Il avait réussi à chasser les Anglais de nos possessions, et il gouvernait avec une grande rigidité; il réprimait les abus, empêchait les vols, et se faisait, par sa sévérité, un grand nombre d'ennemis. Il fut bientôt trahi et abandonné, et finit par être vaincu et pris par les Anglais. Emmené malade à Londres, il y apprit que sa conduite était calomniée à la cour de France par tous ceux qui voulaient se venger de lui, et que sa probité avait irrités.

Il obtint de venir à Paris, où il arriva courageusement pour tenir tête aux calomniateurs; mais il était trop tard. L'effet de leurs paroles était déjà produit. Il fut jeté en prison; on lui fit un long procès dans lequel sa défense ne fut pas libre, et le Parlement le condamna injustement à mort. Le roi Louis XV ne voulut pas faire grâce à ses cheveux blancs, et le noble vieillard fut exécuté, en prenant le ciel à témoin de son innocence.

La calomnie n'a pas toujours ces horribles résultats; mais elle est toujours funeste. Les calomniateurs sont des larrons d'honneur; ils dérobent à l'homme un bien précieux, qu'il met de longues années à conquérir péniblement, et qui peut se perdre en un instant, par l'effet de paroles légères ou haineuses.

Veillez sur votre langage; n'attribuez pas aux autres, sans en être absolument sûrs, de mauvaises actions ou de mauvaises intentions; ne les jugez pas **témérairement**; supposez-leur plutôt de bonnes pensées. Mettez-vous à leur place et demandez-vous comment vous voudriez être jugés par les hommes. Là encore, ne faites pas aux autres ce que vous ne voudriez pas qu'on vous fît.

Même si le mal que vous pouvez dire du prochain est

la vérité, il vaut mieux vous en abstenir. Dire du mal qui est faux, c'est de la calomnie; dire du mal qui est vrai, pour le plaisir de le dire, c'est de la **médisance.** On peut, par la médisance, produire aussi de grands malheurs, rendre certains maux irrémédiables[1], brouiller des amis, jeter le trouble dans les familles, semer des germes de discorde entre les citoyens. L'honnête homme ne prend jamais plaisir à dire du mal des autres ; il aime mieux faire en sorte que personne n'ait à en dire de lui. Bonne renommée vaut mieux que ceinture dorée.

LEXIQUE.

En sursaut, tout à coup, subitement.

Mordiller, mordre légèrement, pour s'amuser.

Dénigrer, noircir, donner une mauvaise opinion de quelqu'un.

Préjudice, tort, dommage, atteinte aux intérêts.

Sciemment. en sachant bien ce qu'on fait.

Irrémédiable, qui ne peut pas se guérir.

EXERCICES.

1. Racontez l'histoire du voyageur. — Expliquez ce qu'elle veut dire.
2. Qu'appelle-t-on la calomnie? — Qu'appelle-t-on la médisance? — Laquelle des deux vous paraît la plus coupable?
3. A quels mobiles obéissent les calomniateurs? — Sont-ce les mêmes pour tous? — Lesquels vous paraissent les plus condamnables?
4. Quelles peuvent être les conséquences de la calomnie?
5. Racontez l'histoire de Calas.
6. Racontez l'histoire de Lally-Tollendal.
7. Dites ce que vous pensez de ces deux histoires.
8. Quelles sont les causes les plus habituelles de la médisance? — Quelles peuvent en être les conséquences?
9. Pourquoi est-il mal de calomnier?
10. Pourquoi est-il mal de médire?
11. Expliquez le proverbe : Bonne renommée vaut mieux que ceinture dorée.
12. Qu'appelle-t-on des jugements téméraires?

XXV

Respect des opinions et des sentiments d'autrui.

On s'imagine quelquefois qu'on est quitte[1] envers les autres quand on ne les a pas frappés. On peut leur faire plus de mal et se montrer plus méchant à leur égard qu'en leur portant des coups, et il y a des blessures que l'on ressent plus vivement que celles qui font couler le sang.

C'est manquer à son devoir envers les autres que de ne pas respecter leurs **opinions.** Il y a plusieurs manières de ne pas les respecter. L'une, c'est de chercher à les leur arracher par la force, c'est de ne pas supporter qu'ils les expriment librement. On appelle cette prétention de l'**intolérance.**

Autrefois, l'intolérance envers les opinions de ceux qui ne pensaient pas comme le plus grand nombre, allait jusqu'aux plus cruelles violences. On avait même institué un tribunal qui s'appelait l'**Inquisition,** et qui avait pour objet de rechercher les opinions déplaisantes, mal famées[1], pour les réprimer par le fer et par le feu. Les juges de ce tribunal, recouverts d'un masque, faisaient soumettre aux plus horribles tortures les malheureux qui comparaissaient devant eux, et les condamnaient ensuite ou à la prison perpétuelle ou au bûcher.

Ces abominables excès ne sont plus possibles aujourd'hui. Grâce à nos lois libérales, on ne met plus personne en prison ou à mort pour ses idées, on ne persécute plus personne pour ses opinions.

C'est manquer aussi de respect aux convictions des autres que d'en faire l'objet de ses **railleries**[1]. Ne devons laisser chacun libre de penser et de croire ce qu'il veut, d'avoir ses idées particulières en politique, en religion et sur tout autre sujet. Si nous pensons que les autres se trompent, disons-nous bien que nous pouvons nous tromper aussi, et au lieu de nous moquer d'eux, cherchons à les éclairer, si nous le pouvons, ou à nous instruire par eux. Ils ont le même droit que nous à penser et à pratiquer ce que bon leur semble.

Il est mal de railler les habitudes, les **sentiments**, les affections des autres. C'est les atteindre dans ce qu'ils ont de plus cher. Une parole moqueuse va quelquefois percer le cœur de celui à qui elle s'adresse, et pour un bien mince plaisir, on cause une plaie profonde et douloureuse.

Gardez-vous bien de **froisser** les gens par de mauvais procédés, par des manières grossières, par des insultes et des outrages. Ce ne sont que des paroles, direz-vous. Oui, mais ces paroles traduisent de mauvais sentiments. Qui commence par des paroles finit par des actes.

Nous devons aux autres, quels qu'ils soient, de la **politesse** et des **égards.** Nous en devons non seulement à nos supérieurs, ou à ceux qui sont puissants, riches, haut placés, nous en devons non seulement à nos égaux, mais aussi et surtout à ceux qui sont petits, faibles, malheureux.

Avez-vous remarqué comme tout le monde se découvre respectueusement au passage d'un **mort?** Il n'est plus rien pourtant. On salue en lui l'homme, on s'incline devant le coup suprême qui l'a frappé. Nous devons du respect aussi aux **infirmes**, aux **malades,** aux **petits enfants,** justement à cause de leur faiblesse.

Nous devons du respect aux **femmes**, comme à nos propres sœurs ou à notre mère; le manque de respect et d'égards envers les femmes est le signe d'une âme basse et d'une nature grossière.

Nous devons du respect aux **vieillards**. Leurs cheveux blancs sont une couronne plus digne de vénération que celle des rois. Dans la république de Sparte, il était d'usage que tout le monde se levât sur le passage des vieillards, et l'on peut dire que cette touchante coutume fait l'éloge de ce peuple. Pendant la grande Révolution française, la première place dans toutes les fêtes et cérémonies publiques était toujours réservée aux vieillards.

LEXIQUE.

Être quitte envers quelqu'un, s'être acquitté de sa dette, ne plus rien lui devoir.

Mal famées, qui ont une mauvaise réputation, que l'on dit être mauvaises.

Railleries, moqueries. Railler signifie se moquer.

EXERCICES.

1. Que trouvez-vous à blâmer dans l'intolérance? — Pourquoi devons-nous supporter ceux qui ne pensent pas comme nous?
2. Quelle différence y a-t-il à cet égard entre le temps présent et le temps passé? — Dans laquelle de ces époques préférez-vous vivre?
3. Qu'est-ce que c'était que l'Inquisition? — Qu'en savez-vous? — Qu'en pensez-vous?
4. Comment peut-on manquer de respect envers les opinions et les sentiments d'autrui? — Citez un de vos sentiments dont vous ne voudriez pas qu'on se moquât. (L'amour pour vos parents, pour la France, votre affection pour vos amis, pour vos maîtres.)
5. Quand nous croyons que les autres se trompent, qu'avons-nous à faire?
6. Êtes-vous sûr de ne jamais vous tromper? — Est-il possible que quelqu'un de bon sens puisse en être jamais sûr?
7. A qui devons-nous le respect? — Et pourquoi?
8. Citez des exemples du respect témoigné aux vieillards.

XXVI

Respect de la propriété.

L'homme ne pourrait pas vivre sur la terre, s'il ne possédait rien ; il faut qu'il possède de quoi manger, de quoi s'abriter, de quoi se vêtir. Il acquiert ces biens par le

travail. Supposez un homme qui a défriché un coin de terre inculte et n'appartenant à personne, qui y a semé du blé, planté des arbres, bâti une maison, qui s'est fabriqué des vêtements avec les peaux de bêtes tuées au péril de sa vie ; tout cela ne lui appartient-il pas en propre, et celui qui l'en dépouillerait ne serait-il pas un malfaiteur ?

Supposez encore qu'après avoir travaillé toute sa vie pour consolider et pour étendre cette **propriété**, pour y ajouter quelques meubles de plus, il meure en laissant des enfants, ne pensez-vous pas que celui-là aussi serait un malfaiteur, qui arracherait à ces enfants l'**héritage** que leur père leur a préparé à la sueur de son front ?

Tous les biens que nous pouvons posséder proviennent ainsi, soit de notre travail, de notre industrie, de notre habileté, soit de dons et héritages. S'emparer du bien d'autrui par la violence, c'est le **rapt**[1] et le **pillage** ; s'en emparer d'une manière quelconque, c'est le **vol.** Non seulement le vol est flétri par l'opinion publique et regardé à juste titre comme une des actions les plus honteuses qui se puissent commettre, mais les lois le punissent avec une grande sévérité, parce qu'il est un attentat aux droits sur lesquels repose la sécurité de tous.

Pendant la révolution de 1848, qui a chassé la royauté de France, le peuple avait pénétré en armes dans le palais des Tuileries ; mais, après les premiers moments d'effervescence[1], il comprit qu'il ne devait pas laisser déshonorer sa victoire ; il interdit de rien emporter et écrivit sur les murs : « Mort aux voleurs ! »

Le vol ne consiste pas seulement à enlever par la force le bien d'autrui ; on peut l'en priver par la ruse, par la **fraude.** C'est voler que de tromper sur la quantité ou sur la qualité de la marchandise ou de l'ouvrage. Vendre de mauvais souliers pour le même prix que de bonne chaussure, faire passer de vieille étoffe pour de l'étoffe neuve, falsifier le vin, le lait ou toute autre denrée alimentaire[1], se servir de fausses mesures ou de faux poids, en un mot, abuser de la confiance des autres pour tirer d'eux un gain illicite[1], c'est voler. Perdre son temps à ne rien faire, lorsqu'on est payé pour un travail à la journée ou au mois, c'est tromper ceux qui vous emploient, c'est voler.

C'est voler aussi que se rendre **complice d'un vol,** de l'aider, de faire le guet[1], de contribuer à tromper les autres en faisant l'éloge d'une marchandise défectueuse[1]; c'est voler aussi que de cacher ce qui a été dérobé : cette mauvaise action s'appelle **recéler.**

Celui qui refuse de rendre ce qu'il doit détient[1] le bien d'autrui, et fait la même œuvre que le voleur. C'est commettre un vol que d'**emprunter** avec la certitude qu'on ne sera jamais en état de rendre. Mieux vaudrait alors demander franchement un secours.

Chose promise, chose due, dit le proverbe. Lorsque nous nous sommes liés par un contrat, lorsque nous avons signé un engagement, nous devons le tenir. C'est sur ce principe que reposent les quittances, les billets, les lettres de change[1], tous ces écrits qui valent entre honnêtes gens de l'argent comptant, et qui ont à leurs yeux un caractère sacré. La **signature** vaut un serment.

Lorsqu'il s'agit du bien d'autrui, nous devons pousser la **probité** jusqu'à la **délicatesse.** Si une erreur a été commise à notre avantage, et au détriment d'un autre, notre devoir et notre honneur nous interdisent d'en profiter.

Pierre était entré dans un magasin pour faire une commission que lui avait donnée sa mère. Quand il fut dehors, et déjà assez loin, il s'aperçut que la marchande lui avait rendu par erreur la monnaie de vingt francs au lieu de dix qu'il lui avait remis. Il s'empressa d'y retourner, et de lui rendre les dix francs qu'elle lui avait donnés de trop. Agir autrement, c'eût été commettre un vol.

Un vieillard avait une grande fortune et plusieurs neveux. Avant sa mort, il rédigea son testament de manière à laisser ce qu'il possédait à celui de ses neveux qui ne l'avait jamais quitté et qu'on avait l'habitude d'appeler Eugène en famille. Or, ce nom d'Eugène ne lui appartenait pas réellement; il s'appelait Baptiste sur le registre de l'état civil, tandis qu'un de ses cousins portait réellement le nom d'Eugène. Celui-ci aurait pu, grâce à cette erreur du vieillard, s'approprier un héritage auquel il n'avait pas moralement droit.

Qu'auriez-vous fait à sa place?

Il déclara qu'il ne pouvait profiter d'une erreur, que son oncle l'avait perdu de vue, qu'il avait eu certainement l'intention de laisser ses biens à celui de ses cousins qu'il avait toujours traité comme un fils, et il refusa absolument de s'enrichir en acceptant des biens qui ne lui étaient pas destinés.

Que de fois on voit, au contraire, des gens se jeter avec ardeur sur le moindre point obscur ou douteux pour détourner à leur profit le bien des autres! Ce n'est pas seulement de la **chicane**[1], c'est de la **malhonnêteté**.

LEXIQUE.

Rapt, vol avec violence.

Effervescence, chaleur, agitation.

Denrées alimentaires, tout ce qui se vend pour servir à la nourriture.

Gain, bénéfice.

Illicite, défendu par la morale ou par la loi, injuste.

Faire le guet, faire sentinelle, surveiller pour empêcher qu'on ne soit pris.

Défectueuse, qui laisse à désirer, mauvaise.

Détient, retient, garde.

Lettre de change, lettre par laquelle celui à qui il est dû charge son débiteur de payer à un tiers; ces lettres s'échangent comme de l'argent, lorsque celui qui les a signées passe pour un honnête homme.

Chicane, l'art de profiter des moindres mots pour en tirer matière à procès, à dispute.

EXERCICES.

1. Comment s'acquiert la propriété? — Qu'est-ce que c'est que l'héritage?
2. Y a-t-il plusieurs manières de prendre le bien d'autrui? — Quelles sont-elles?
3. Qu'est-ce que le vol? — Qu'est-ce que le rapt et le pillage? — Qu'est-ce que la fraude?
4. Racontez un vol. — Citez des exemples de fraude sur la quantité, sur la qualité, sur le travail dû.
5. Qu'arriva-t-il en février 1848, lorsque le peuple se fut emparé des Tuileries?
6. Que pensez-vous des complices d'un vol? — Des recéleurs?
7. Dans quelles conditions l'emprunt est-il l'équivalent d'un vol?
8. Qu'est-ce qu'on appelle un contrat? — Une quittance? — Une lettre de change?
9. Que signifie une signature apposée au bas d'un écrit?
10. Qu'appelle-t-on la probité? — Est-il permis de profiter d'une erreur au détriment des autres?
11. Racontez l'histoire de Pierre. — Vous est-il jamais arrivé semblable aventure?
12. Racontez l'histoire du vieillard et de ses neveux. — Appréciez-la.

XXVII

Obligation de défendre les autres dans leur vie, leur liberté et leur honneur.

Jusqu'à présent nous avons parlé du devoir qui nous incombe de ne pas porter atteinte à la vie, à la liberté et aux biens des autres hommes. C'est là un devoir négatif[1] : nous abstenir de faire du mal. Mais nous avons vis-à-vis d'eux des **devoirs positifs**[1], qui consistent à les préserver des attaques, à les défendre et à leur faire du bien.

Il ne suffit pas de ne pas faire aux autres ce que nous ne voulons pas qu'il nous soit fait. Il faut aussi que nous leur fassions ce que nous voulons qui nous soit fait.

Georges et Henri passaient le soir sur une route écartée. Ils entendent des cris : à l'assassin, on m'égorge !

— Sauvons-nous, dit Henri, il y a des malfaiteurs par ici. — Allons-y plutôt, répondit Georges, il y a quelqu'un qui a besoin de secours. Henri continua sa route et Georges se précipita du côté où il avait entendu les

Un sauveur inattendu.

cris. A son approche ou plutôt au bruit de ses pas, les assaillants[1] eurent peur et quittèrent la place, non sans tirer dans l'ombre quelques coups de pistolet dont un atteignit Georges au bras. Il fut heureux néanmoins d'avoir sauvé la vie à l'homme dont les cris l'avaient attiré et qui sans son secours eût été certainement massacré.

Nous devons défendre la vie de notre prochain, fût-ce même au péril de la nôtre. Nous devons aussi défendre sa liberté, quelque prix qu'il en coûte.

John Brown (prononcez *Djône Bra-onne*) était un propriétaire américain que l'esclavage indignait. Il résolut de consacrer sa vie à combattre cette institution hideuse; il travailla de toutes ses forces et souvent avec grand péril à favoriser la fuite des esclaves qui devenaient libres en touchant le sol anglais du Canada.

Lorsque la guerre civile éclata dans l'état du Kansas

entre les partisans et les ennemis de l'esclavage, il vint avec ses sept fils apporter son concours aux abolitionnistes[1]. Pour donner aux esclaves le moyen de s'enfuir en masse, il résolut de s'emparer de l'arsenal fédéral[1] de Harpers Ferry et en vint à bout à la tête d'une vingtaine d'hommes. Il voulait en faire le quartier-général de la défense des esclaves et de leur affranchissement.

Mais, après une défense héroïque, il succomba sous l'assaut de plusieurs milliers d'hommes; plusieurs de ses fils avaient péri, et lui, couvert de blessures, fut fait prisonnier. Jugé et condamné peu de jours après, il fut pendu le 2 décembre 1859. Il mourut content de donner sa vie pour la cause de la liberté.

Nous devons défendre aussi la réputation des autres. Loin de nous associer avec complaisance aux commérages, aux médisances, aux calomnies répandues sur le compte du prochain, et qui font les frais[1] d'un si grand nombre de conversations, nous devons prendre la défense de ceux que nous croyons injustement accusés, et qui ont d'autant plus de droits à notre appui qu'ils ne sont pas là pour se défendre eux-mêmes.

C'est une grande satisfaction pour un cœur honnête de contribuer à dissiper une erreur, à démasquer une calomnie, à réhabiliter un homme injustement accusé.

Lorsque l'illustre écrivain Voltaire apprit l'inique condamnation du vieux Calas, accusé faussement d'avoir assassiné son propre fils, il n'eut plus de repos qu'il ne fût arrivé à faire casser cet arrêt abominable et à rendre à la famille Calas, à sa courageuse veuve et à ses enfants, l'honneur d'un nom intègre.

Nous n'avons pas le droit, lorsque nous voyons attaquer une personne dans sa vie, dans sa liberté ou dans son honneur, de dire : cela ne me regarde pas. Car ce qui touche les hommes nous touche. Ce qui arrive à d'autres aujourd'hui peut nous arriver demain. Notre conscience nous ordonne impérieusement, non seulement de ne pas commettre ce qui est injuste, mais de ne pas le laisser commettre sans nous y opposer de toutes nos forces.

Agir autrement, c'est nous rendre complices de mauvaises actions par égoïsme et par lâcheté.

LEXIQUE

Négatif, positif. Un devoir négatif, qui dit ce qu'il ne faut pas faire ; un devoir positif, qui dit ce qu'il faut faire.

Assaillant, celui qui donne l'assaut, qui attaque.

Abolitionnistes. Ceux qui voulaient l'abolition de l'esclavage.

Fédéral, qui appartient à la Confédération des Etats-Unis.

Frais. Faire les frais d'une conversation, servir de sujet à une conversation.

EXERCICES.

1. Qu'appelle-t-on devoirs négatifs — devoirs positifs ?
2. Citez le précepte qui se rapporte aux premiers — le précepte qui se rapporte aux seconds.
3. Racontez l'aventure de Georges et de Henri. — Que pensez-vous de la conduite de chacun des deux ?
4. Pourriez-vous raconter quelque histoire de gens ayant défendu la vie des autres ?
5. Racontez l'histoire de John Brown. — Pour qui s'est-il sacrifié ?
6. Connaissez-vous le nom d'autres hommes qui ont été des défenseurs de la liberté ? (Spartacus, Etienne Marcel, Mirabeau, etc.)
7. Que savez vous de Voltaire ?
8. Pourquoi rencontre-t-on plus de gens qui attaquent la réputation d'autrui qu'on n'en trouve qui la défendent ? — Cherchez-en les motifs.
9. A quels sentiments obéissons-nous quand nous laissons commettre devant nous une chose injuste sans nous y opposer ?

XXVIII

Obligation de défendre les autres dans leurs biens. — La bienfaisance.

On sortait de classe pour le dîner. Le grand Guillaume, qui convoitait le panier d'un de ses camarades, où il supposait qu'il se trouvait quelque aliment à son goût, profita de sa grande taille pour se jeter sur son voisin et lui emporter son panier de force. Un jeune écolier, nommé Louis, beaucoup moins fort que le grand Guillaume, n'écoutant que son indignation et son courage, se précipita à sa poursuite; il l'atteignit, et, au risque d'en recevoir de mauvais coups, il obligea Guillaume à rendre ce qu'il avait pris à un pauvre enfant qu'il aurait obligé à se passer de manger. En obéissant à l'impulsion de son cœur, Louis n'avait fait que son devoir.

Il ne nous est pas possible, il ne nous est pas permis de rester témoins impassibles[1] d'une spoliation[1]. Notre devoir de nous y opposer devient plus impérieux encore lorsqu'il s'agit de pauvres, de petits, d'orphelins, de veuves qui, étant incapables de se défendre, ont besoin de notre secours.

Au moyen âge, dans une époque de violence et d'ignorance, alors qu'il n'y avait ni ordre, ni lois, ni tribunaux réguliers, un certain nombre de braves chevaliers s'étaient donné la mission de défendre les faibles, de châtier les spoliateurs, de redresser les torts[1]. Aujourd'hui, les lois suffisent habituellement pour protéger les droits de chacun; mais il y a une foule de circonstances où nous pouvons suppléer à l'impuissance des lois et préserver notre prochain de dommages et de pertes par un bon conseil et un bon appui.

Cela même ne suffit pas pour remplir entièrement notre devoir. Quand nous sommes en présence de la misère, notre cœur nous dit que nous devons la soulager, c'est-à-dire exercer la **bienfaisance**.

Il y a plusieurs moyens d'exercer la bienfaisance. Le premier et le plus simple, c'est l'**aumône**. Nous rencontrons un pauvre qui nous tend la main; nous lui donnons quelques sous. Cette forme de bienfaisance est la plus simple, mais elle n'est pas la meilleure.

Il arrive la plupart du temps qu'elle ne sert à rien, ou

même qu'elle est dangereuse, parce qu'elle encourage un vice funeste, la **mendicité**. Il est mieux de partager son repas, de donner du pain, des vêtements, du bois, à ceux qui sont réduits à la dernière misère : on est sûr, de cette façon-là, de leur être utile.

Mais ce que préfèrent les personnes réellement bienfaisantes, c'est de procurer un abri aux enfants abandonnés, et du travail aux adultes qui sont dans le besoin. Le travail relève et ennoblit l'homme. L'aumône l'abaisse et l'humilie.

La véritable bienfaisance ne consiste pas dans un secours passager et qui ne coûte pas grand'peine, mais dans une sollicitude[1] intelligente et prolongée pour les intérêts d'autrui. Elle visite les malades, elle enraye[1] la misère, elle fonde des écoles, elle ouvre des ateliers, elle répand la lumière, elle combat le vice, elle relève et moralise ceux qui sont tombés, elle protège et encourage les faibles, elle vient partout en aide aux gens de bonne volonté.

Les hôpitaux, les asiles, les orphelinats, et tant d'autres institutions utiles sont dues à la bienfaisance ou, comme on l'appelle encore, à la **philanthropie**[1]. Mais, direz-vous, comment puis-je exercer la bienfaisance, moi qui ne puis rien fonder de pareil, moi qui n'ai ni la force ni l'argent nécessaire pour secourir les autres? — Pour être bienfaisant, soyez **bienveillant**. Désirez le bonheur des autres, et vous aurez cent occasions d'y contribuer. Souvent une bonne parole, une marque d'amitié, un témoignage de sympathie font plus de bien qu'on ne se l'imagine et valent infiniment mieux qu'une aumône orgueilleusement jetée.

LEXIQUE.

Impassible, qui ne bouge pas, qui n'est pas ému.
Spoliation, vol. Spolier, dépouiller.
Redresser les torts, réparer les injustices.
Sollicitude, soins, souci.
Enrayer, arrêter.
Philanthropie, amour pour l'humanité.

EXERCICES.

1. Racontez l'histoire de Guillaume et de Louis. — Que pensez-vous e la conduite de chacun des deux? — Louis était-il prudent? — Il y donc des qualités qui valent encore mieux que la prudence?
2. Avons-nous toujours le devoir de nous opposer à une spoliation? – Quand ce devoir est-il le plus pressant?
3. Que savez vous des chevaliers du moyen âge? — Pourrait-on les miter ou les supporter aujourd'hui? — Pourquoi non? — Connaissez-ous l'histoire de Don Quichotte? – Qu'en pensez-vous?
4. Qu'est-ce que la bienfaisance?
5. Quelles sont les diverses manières de l'exercer? — Que pensez-vous de l'aumône? — Quel est le vice qu'elle sert trop souvent à encourager? — Que trouvez-vous de blâmable dans la mendicité?
6. Dites les meilleurs moyens d'exercer la bienfaisance.
7. Qu'appelle-t-on la philanthropie? — Citez quelques grandes fondations philanthropiques.
8. Ceux qui ne sont pas riches peuvent-ils exercer la bienfaisance? — Dites comment.

XXIX

Le dévouement.

Le plus sûr moyen de remplir complètement notre devoir vis-à-vis des autres, c'est de les aimer. Si nous nous enfermons strictement[1] dans notre droit pour mesurer avec exactitude ce que nous sommes obligés de faire aux autres, avec la crainte de dépasser cette limite et d'en faire trop, nous pouvons être sûrs que nous n'en ferons pas assez. Aux devoirs de justice, il faut joindre les devoirs de **charité**[1].

L'amour du prochain est une source jaillissante qui produit spontanément[1] les bonnes actions, comme la sève d'un bon arbre produit des fruits savoureux[1]. Pour celui qui aime tout est facile. Voyez comme une mère supporte avec patience les cris de son petit enfant, comme elle lui rend avec plaisir les soins les plus répugnants[1], comme elle ne sent pas la fatigue pour le porter, pour le distraire, pour le nourrir! D'où vient cela? De ce qu'elle l'aime.

Si nous aimons les autres, si nous avons au cœur une chaude sympathie pour l'humanité, nous accomplirons joyeusement nos devoirs; ce sera pour nous chose toute simple que d'être justes, loyaux, généreux. Non seulement nous ne leur ferons pas de mal, non seulement nous n'attenterons ni à leur vie, ni à leur liberté, ni à leur honneur, ni à leurs biens, non seulement nous les défendrons et les protégerons dans leur personne, mais encore nous nous dévouerons pour eux.

Le **dévouement** ne calcule pas. Il voit quelqu'un en péril, il s'y jette pour l'en tirer, sans se soucier du danger pour lui-même.

Pendant l'inondation de la Garonne qui a causé tant de désastres dans le midi et englouti un quartier tout entier de la ville de Toulouse, une petite barque ramenait

Inondation de Toulouse.

quelques personnes ramassées sur le haut des toits où elles s'étaient réfugiées. Elles entendirent des cris et distinguèrent vaguement dans les ténèbres de la nuit une femme qui appelait au secours. La barque était chargée à ce point qu'une personne de plus l'aurait mise en danger de sombrer. — Allons pourtant prendre cette pauvre femme, dit Raymond, un brave ouvrier qui avait organisé ce sauvetage[1]; nous ne pouvons pas la laisser périr.

Malgré la résistance de ses compagnons, il dirigea la barque du côté d'où partaient les cris, et quand elle fut à portée de prendre la malheureuse femme, que quelques minutes seulement séparaient de la mort, il se jeta à l'eau pour lui céder sa place.

A Rouen, une maison brûlait. Tous les habitants étaient déjà en sûreté, lorsqu'on se souvint d'un pauvre paralytique couché dans une des chambres hautes. Tout le monde se lamentait sur le sort de ce malheureux être condamné à brûler vif. Tout à coup, un passant qui apprend la chose entre en courant dans la maison, gravit l'escalier en flammes, cherche dans les différentes chambres, trouve le paralytique évanoui dans son lit, l'enveloppe d'une couverture et le descend dans ses bras. Arrivé en bas, il s'évanouit, couvert de brûlures, ayant vingt fois exposé sa vie pour un inconnu.

C'est là le dévouement; il impose le **sacrifice** de soi-même. L'homme dévoué n'écoute que son cœur; un élan **d'enthousiasme** l'élève au-dessus de lui, de ses intérêts et de ses dangers. Une flamme généreuse l'échauffe et le rend capable des actions les plus héroïques. C'est vraiment par là que l'homme est grand et qu'il **plane**[1] au-dessus des petitesses et des vices de ce monde. A cette hauteur sublime, l'accomplissement du devoir n'est plus une lutte, mais un besoin et un bonheur.

LEXIQUE.

Strictement, avec rigueur, avec étroitesse.

Charité, amour, tendresse. Ne pas confondre *charité* avec *aumône;* ce sont des choses tout à fait différentes.

Spontanément, naturellement, sans effort.

Savoureux, doux, agréable.
Répugnant, désagréable, pénible, repoussant.
Sauvetage. Moyens pour sauver des personnes en danger de périr.
Planer. Se tenir haut, comme les aigles qui volent sur le haut des montagnes et se tiennent les ailes étendues sans paraître bouger.

EXERCICES.

1. Quel est le plus sûr moyen de bien remplir nos devoirs vis-à-vis des autres?
2. Qu'est-ce que c'est que le dévouement?
3. Racontez le trait de dévouement de Raymond dans l'inondation de Toulouse.
4. Racontez le trait de dévouement d'un passant dans un incendie de Rouen.
5. Connaissez-vous d'autres actes de dévouement? (Des enfants qui en ont sauvé d'autres qui allaient se noyer, Codrus, Décius, Eustache de Saint-Pierre, Cheverus, etc.)
6. Quels sentiments vous inspirent de pareils récits? — Connaissez-vous rien de plus beau que le dévouement qui consiste à donner sa vie pour les autres?
7. Que faudrait-il penser d'un peuple où de pareils faits ne se produiraient jamais?
8. Sont-ce des devoirs de justice ou des devoirs de charité? — Quelle est la différence qu'il y a entre les uns et les autres?

XXX

Devoirs envers les animaux.

— Est-ce que nous avons réellement des devoirs envers les animaux?

— Certainement. Les animaux sont des créatures qui sentent, qui éprouvent du plaisir ou de la douleur. Faire souffrir un être quelconque, c'est de la cruauté, et une cruauté lâche lorsqu'elle s'attaque à des êtres qui sont hors d'état de se défendre.

— Mais n'y a-t-il pas des animaux qui ne sentent rien, et comment savoir s'ils sentent quelque chose?

— Dans le doute, nous devons nous abstenir. Il y a certainement des êtres qui ont une faible sensibilité ou plutôt qui ne l'expriment par aucun signe visible à nos yeux. Mais de ce que nous ne voyons pas les signes de la souffrance, nous ne pouvons pas en conclure qu'elle n'existe pas. Ils ont tous des centres nerveux, et c'est par les nerfs que la souffrance est ressentie.

C'est une sotte cruauté que celle qui consiste à arracher les pattes des mouches, des hannetons, à mutiler[1] des crapauds et des grenouilles, etc. Tous ces êtres, du moment qu'ils sont vivants, éprouvent des sensations de douleur et nous n'avons pas le droit de les leur infliger pour notre plaisir.

C'est un jeu coupable et qui témoigne d'un mauvais cœur que celui qui consiste à rire des souffrances d'une pauvre bête, à affoler[1] un chien, un chat en lui attachant une casserole à la queue ou en le réduisant au désespoir par quelque autre amusement.

— Vous blâmez donc les combats de taureaux qui sont à la mode en Espagne?

Courses de taureaux en Espagne.

— Ce n'est pas moi qui les blâme, c'est la morale qui les repousse, c'est la conscience qui les condamne. Pour le plaisir de quelques milliers de spectateurs entassés sur des gradins, on fait entrer dans une arène un taureau sauvage ; des hommes sont chargés de le pousser au dernier degré de rage en lui lançant des dards dans le flanc et en agitant devant ses yeux de petits drapeaux rouges. Quand l'animal est en fureur, d'autres hommes, soit à pied, soit à cheval, viennent pour le tuer. Le comble de l'habileté consiste à lui enfoncer au défaut de l'épaule une courte épée bien affilée au moment où il se précipite sur son adversaire. Souvent il arrive que l'homme ou le cheval est éventré par les cornes du taureau avant que celui-ci ne reçoive le coup mortel.

Ce spectacle est barbare, comme le sont les combats de coqs en Angleterre et même les combats de chiens auxquels s'amusent certains mauvais sujets. Celui qui prend plaisir à voir couler le sang, à regarder les souffrances des bêtes, n'est pas loin d'éprouver de l'indifférence ou de la satisfaction aux souffrances des hommes.

— Il n'est pourtant pas toujours possible d'épargner les animaux et ce n'est pas un crime que de les tuer.

— Non ce n'est pas un crime ; c'est souvent une nécessité. Il faut détruire les animaux nuisibles, ceux qui occasionnent de la malpropreté ou de la gêne, ceux qui causent des dégâts ou qui sont un danger pour l'homme.

De même, il est légitime de sacrifier les animaux qui servent à l'alimentation, soit les animaux domestiques élevés à cet effet, soit les animaux que l'on prend à la pêche ou à la chasse. Mais c'est dépasser notre droit que de détruire pour le seul plaisir de détruire, d'empoisonner une rivière, de dénicher des oiseaux, de tuer sans but, et surtout d'ajouter la souffrance à la mort comme il arrive dans ces jeux où l'on suspend des animaux vivants, des canards, des oies, des lapins à des mâts de cocagne ou à des cordes afin de les abattre à coups de bâton.

— On aiguillonne bien les bœufs et on fouette les chevaux ; on se sert de ces bêtes, ainsi que de plusieurs autres, pour leur imposer des travaux pénibles. Est-ce que ce n'est pas chose permise ?

— Parfaitement permise et naturelle. Ces animaux, ânes, mulets, chevaux, bœufs, ou même, selon les pays, éléphants, chameaux, rennes, sont les aides et les serviteurs de l'homme. Il a le droit, lui qui travaille, de les faire travailler aussi. Mais son devoir est de ne pas les accabler d'un travail qui dépasse leurs forces, de ne pas les surmener[1], de leur donner le repos et la nourriture nécessaires, de les soigner quand ils sont malades, de leur épargner toute souffrance inutile, de les traiter, en un mot, avec bonté et douceur.

Ce sont des bêtes capables d'attachement[1]. On sait comme elles reconnaissent la voix et la main de leur maître, et quel réel chagrin quelques-unes éprouvent à en être séparées. Il n'est pas digne de l'homme de répondre à de pareils sentiments par la dureté. Celui qui frappe brutalement les animaux, qui les martyrise, est non seulement l'objet de la réprobation[1] publique, mais il tombe même sous le coup[1] de la loi, qui interdit de leur infliger de mauvais traitements.

Ce que la loi exige, la conscience le veut avec plus de force encore.

LEXIQUE.

Mutiler, casser, couper un membre.
Affoler, rendre fou.
Surmener, excéder de fatigue.
Attachement, amitié.
Réprobation, blâme.
Tomber sous le coup de la loi. Être passible des peines édictées.

EXERCICES.

1. Pour quels motifs avons-nous des devoirs envers les animaux ?
2. Quels sont ces devoirs ?
3. Pourriez-vous donner quelques preuves que les animaux éprouvent de la peine ou du plaisir ?

4. De quelle manière tous les êtres vivants ressentent-ils la souffrance ?

5. Connaissez-vous des jeux qui consistent à faire souffrir des animaux?

6. Que savez-vous des courses de taureaux? — Des combats de coqs? — Des combats de chiens ?

7. Dans quelles circonstances est-il permis de tuer les animaux ? — Énumérez-les et donnez les motifs qui rendent cet acte légitime.

8. Même alors, quelles réserves doit-on s'imposer ?

9. Qu'appelle-t-on animaux domestiques? — Bêtes de somme? — Dites les différents travaux auxquels les animaux peuvent être employés, soit dans notre pays, soit ailleurs.

10. Quels sont nos devoirs particuliers envers les animaux que nous employons à notre service ?

11. Que savez-vous de la loi Gramont?

XXXI

Les devoirs dans la famille. Parents et enfants.

Il y a des enfants qui se figurent qu'ils ont des devoirs au dehors, envers les étrangers, mais qu'ils n'en ont plus dans la famille. C'est une grande erreur. Au contraire, tous ont des devoirs dans la famille, et c'est même le lieu où il y en a le plus à remplir, puisqu'ils sont de tous les instants.

Les parents ont des devoirs envers leurs enfants. Ils leur doivent la nourriture, le vêtement, les bons traitements, devoirs qui ne leur paraissent pas difficiles à accomplir, parce que le cœur est de la partie[1]. Ils leur doivent aussi de les faire instruire, de les bien élever, de leur donner le bon exemple par leurs discours et par leur conduite.

Les enfants ont des devoirs envers leurs parents. Ils leur doivent d'abord l'**obéissance**, parce que les enfants ne sont pas en état de se gouverner eux-mêmes et qu'ils ont besoin des lumières, des conseils et des instructions de leurs parents. Même lorsque l'enfant croit que ses parents se trompent, il doit obéir, parce que ce n'est pas à lui de les juger. L'ordre de la nature veut que les parents commandent et que les enfants obéissent.

Que de fois on se repent plus tard de n'avoir pas obéi à ses parents dans sa jeunesse et de s'être cru plus sage qu'eux! Ne vous préparez pas pour l'avenir un pareil regret.

Les enfants doivent à leurs parents de la **reconnaissance**, à cause de tous les soins qu'ils en ont reçus. La mère leur a donné le jour au péril de sa vie, les a nourris de son lait, les a veillés jour et nuit. Le père travaille pour eux, leur sacrifie son temps, ses forces, son argent, ses plaisirs, ne vit que pour leur être utile et agréable.

Il est impossible aux enfants de comprendre l'étendue des peines et des inquiétudes qu'ils causent à leurs parents, et la profondeur insondable de l'amour paternel et de l'amour maternel. Ils en comprennent cependant assez pour que l'ingratitude de leur part envers leurs parents constitue l'un des vices les plus répréhensibles[1] devant la conscience.

Les enfants doivent à leurs parents du **respect**. Il ne faut pas que la familiarité, que les rapports de tendresse et d'affection, que l'indulgence infatigable dont les enfants sont l'objet, leur fassent perdre de vue qu'ils sont tenus de respecter leurs parents plus que qui que ce soit au monde. Même dans leurs jeux et leurs caresses, les enfants ne doivent pas oublier la distance qui les sépare de leurs parents et se permettre de les traiter en égaux et en camarades.

Les enfants doivent à leurs parents du **dévouement** et de l'**amour**. Il est difficile qu'ils aiment autant qu'ils sont aimés, car l'amour des parents est infini ; mais plus ils grandissent, plus les enfants doivent sentir leur cœur se réchauffer au foyer de la famille et devenir plus tendres et plus aimants pour les parents auxquels ils doivent tout.

L'amour filial ne se commande pas; il naît de lui-même, il est naturel aux cœurs honnêtes, et il porte ceux qui le ressentent aux plus grands sacrifices, lorsque les circonstances l'exigent.

C'est surtout quand les parents sont malheureux, malades, accablés par l'âge et les infirmités, que le devoir des enfants est de les entourer de soins et d'amour, et de leur rendre les bienfaits qu'ils en ont reçus dans leur premier âge. Celui qui maltraite ses parents lorsqu'ils ont besoin de lui, commet un véritable crime; en les abandonnant dans le besoin, il mérite d'être abandonné à son tour.

Un fils au cœur dur, voulant se débarrasser de son vieux père dont la présence le gênait, le chargea sur ses épaules pour le mener à l'hôpital. En route, il s'arrête pour déposer un moment son fardeau sur une borne afin de reprendre haleine. « Hélas! dit en soupirant le vieillard, c'est ici que je m'étais reposé aussi, quand j'ai porté mon vieux père à l'hôpital. Je reçois aujourd'hui la pareille de ce que j'ai fait jadis. »

A la triste époque des persécutions religieuses, des protestants ayant été surpris dans une de leurs réunions de prières par les troupes de Louis XV, un d'eux, nommé Jean Fabre, avait réussi à s'enfuir, lorsqu'il s'aperçut que son père était resté en arrière et avait été pris. Il revint aussitôt sur ses pas et, après force supplications, il obtint qu'on le gardât à la place de son père, qui fut relâché.

Jean Fabre fut condamné aux galères[1] et y passa de longues années, soumis aux horribles traitements que subissaient alors les forçats, et il ne se plaignit pas un seul jour, heureux de souffrir pour son père et de lui avoir épargné ces tortures.

Dans des circonstances toutes semblables, un jeune homme, du nom de Bareire, avait essayé aussi d'arracher son père aux dragons du roi et leur avait offert de le remplacer. Pour toute réponse, ils tuèrent le fils et emmenèrent le père au bagne. Honneur à la **piété filiale** capable d'un si héroïque dévouement!

LEXIQUE.

Est de la partie, s'en mêle, y prend part.

Répréhensible, blâmable.

Force veut dire ici beaucoup de.

Galères, c'étaient des vaisseaux à rames, où les malheureux condamnés étaient enchaînés, jour et nuit, en plein air, demi nus, à des bancs, pour ramer sous le commandement d'un gardien qui les rouait de coups de bâton. Les **forçats** étaient les rameurs des galères, et, comme on le voit, sous l'ancien régime, ils étaient trop souvent condamnés à cette peine pour des causes légères ou même tout à fait injustement. Il n'y a plus de galères aujourd'hui. Elles ont été remplacées par la déportation dans une colonie.

EXERCICES.

1. Y a-t-il des devoirs à remplir dans la famille?
2. Quels sont les devoirs des parents? — Ces devoirs leur paraissent-ils pénibles? — Sont-ils toujours faciles à remplir?
3. Quels sont les devoirs des enfants?
4. Pourquoi sont-ce les enfants qui doivent obéir aux parents et non pas les parents aux enfants?
5. Pourquoi les enfants doivent-ils de la reconnaissance à leurs parents? — Quels sont les bienfaits qu'ils en ont reçus?
6. Qu'est-ce que c'est que l'ingratitude?
7. Quelle idée vous faites-vous d'une famille où les enfants n'auraient pas de respect pour leurs parents? — Le respect exclut-il l'affection?
8. Dans quelles circonstances doit se manifester surtout l'amour filial? — Que pensez-vous de celui qui maltraite ses vieux parents?
9. Racontez l'histoire du fils portant son père à l'hôpital. — Que pensez-vous de sa conduite? — Qu'aurait-il dû faire? — Qu'a dû penser le vieux père pendant la route?
10. Racontez l'histoire de Jean Fabre. — Celle de Bareire. — Dites ce que vous en pensez.

XXXII

Devoirs dans la famille. — Frères et sœurs. — L'amitié.

Malheur à celui qui est seul ! dit un vieil adage[1]. Il n'est pas bon pour un enfant d'être l'unique objet des préoccupations et de l'amour de ses parents; combien plus heureux ceux qui ont des frères et des sœurs, qui reçoivent l'éducation commune au foyer domestique, qui partagent les mêmes plaisirs, les mêmes travaux et les mêmes devoirs !

Trop souvent, frères et sœurs se querellent, se jalousent, se parlent durement, se rudoient les uns les autres. Ce sont de fâcheuses habitudes qu'il faut corriger. Au fond, le sentiment fraternel n'est pas absent, mais il s'émousse[1] et s'affaiblit quand on se laisse aller à ces mauvaises manières.

Les frères et les sœurs se doivent **affection mutuelle**; ils doivent se soutenir et se secourir les uns les autres. Enfants de la même famille, ils portent le même nom et ont le même intérêt à le faire respecter. Les aînés doivent protection aux plus jeunes, et les plus jeunes de la déférence[1] envers les aînés. Néanmoins, il doit y avoir entre eux une **égalité** parfaite, qui s'établit d'autant plus qu'ils avancent davantage en âge.

Autrefois, le fils aîné d'une maison était tout, possédait tout, héritait de tout; s'il appartenait aux grandes familles nobles, il était riche, puissant, disposait seul des titres, des privilèges et de la fortune, tandis que ses cadets étaient réduits à une situation misérable. Ce privilège a été aboli par la Révolution française. C'est aujourd'hui l'honneur et la paix de nos familles, que tout y soit égal entre frères : la joie et la peine, les biens et les maux, la bonne comme la mauvaise fortune.

Si plus tard, par suite de circonstances, un des frères réussit et que l'autre ait échoué, c'est à la fois le devoir et le bonheur du plus favorisé de tendre une main fraternelle à l'autre, et de se souvenir des jours où ils partageaient en commun le pain de leurs parents.

Les frères doivent à leurs sœurs la **tendresse**, les ménagements et le respect. Elles apportent au logis l'ordre, la propreté, la grâce, la douceur; et leur faiblesse même les recommande à la **protection** et à l'affection de leurs frères.

Qu'il est doux de se retrouver le soir dans la maison paternelle, après avoir eu chacun de son côté ses occupations du jour, de s'asseoir à la même table, de partager joyeusement le même repas, de causer paisiblement et affectueusement ensemble, de se féliciter des succès obtenus par les différents membres de la famille, de se conseiller, de s'encourager, de se consoler réciproquement! Qu'il est doux aussi plus tard, quand on est plus âgé, quand on a été séparé par la vie, de se retrouver, entre frères et sœurs, de se rappeler les jours de l'enfance, et de s'aider les uns les autres à maintenir fidèlement les bonnes traditions de la famille!

On cite des traits admirables d'**amour fraternel**. Combien de fois on a vu des frères ou des sœurs se charger de leurs neveux orphelins, et les élever comme leurs propres enfants, au prix des plus coûteux sacrifices!

Pendant les jours sombres de la Terreur, un jeune homme, Laurent de B..., fut arrêté et incarcéré[1] sous l'accusation de complot contre la République. Il comprit bien vite qu'on s'était trompé, qu'il ne s'agissait pas de lui, mais de son frère, plus âgé, marié, père de deux enfants, et qui en effet, avait pris part à une conspiration.

Il se garda bien de dénoncer l'erreur, et il se laissa conduire à l'échafaud sous le nom de son frère, afin de sauver une vie utile à sa famille. Ce n'est que quelques mois plus tard, et lorsque tout danger avait disparu, que celui-ci apprit l'héroïque dévouement dont il avait été l'objet.

Les frères sont des amis donnés par la nature. Les **amis** sont comme des frères que nous nous choisissons. Nous avons aussi des devoirs à l'égard de nos amis. Nous devons leur être **fidèles**, les défendre quand ils sont absents, leur sacrifier nos impatiences, nos caprices, leur résister quand ils veulent le mal, les secourir généreusement dans leurs besoins, les traiter absolument sur le même pied[1] que nous-mêmes. L'amitié ne doit se contracter[1] que là où il y a honnêteté, droiture et **mutuelle estime**.

LEXIQUE.

Adage, sentence, proverbe.
S'émousse, s'affaiblit.
Déférence, complaisance, égards.
Incarcéré, emprisonné.
Sur le même pied, de la même manière.
Se contracter, se former.

EXERCICES.

1. Expliquez cet adage : malheur à celui qui est seul !
2. Pourquoi n'est-il pas salutaire d'être enfant unique? — Quels inconvénients peuvent en résulter? — Ces inconvénients sont-ils inévitables?
3. Frères et sœurs vivent-ils toujours ensemble comme ils le devraient? — Quels sont les inconvénients des habitudes de rudesse qu'ils prennent trop souvent entre eux?
4. Quels sont les devoirs des frères les uns envers les autres?
5. Que doivent les aînés? — Que doivent les plus jeunes? — Y a-t-il une différence entre le temps présent et le temps passé relativement à la situation du fils aîné vis-à-vis de ses frères? — Que pensez-vous du « droit d'aînesse? »
6. Qu'est-ce que les frères doivent à leurs sœurs? — Pourquoi?
7. Citez des traits d'amour fraternel.
8. Avez-vous des devoirs envers vos amis? — Lesquels? — Quelles sont les conditions sans lesquelles nous ne devons pas contracter d'amitié?

XXXIII

Devoirs professionnels.

En dehors des devoirs généraux que nous avons constatés et qui s'appliquent à tous les hommes, il y a encore des devoirs particuliers qui correspondent à la situation particulière de chacun de nous, à son état, à sa profession. Ils se résument en ces mots : Fais bien ce que tu fais.

Les professions libérales, c'est-à-dire où le travail intellectuel est presque tout et le travail manuel peu de chose, paraissent à certaines gens les plus faciles, et ce sont souvent celles qui imposent les devoirs les plus graves.

Les avocats doivent consacrer leur savoir et leur énergie au client qui a demandé leur appui, et mis entre leurs mains son honneur, sa fortune et quelquefois même sa vie.

Les savants donnent tout leur temps et toutes leurs pensées aux études difficiles dont le genre humain tirera profit, et ils obéissent au devoir de sacrifier leurs intérêts à la recherche de la vérité.

Les ingénieurs exposent, lorsqu'il le faut, leurs jours dans les mines, sur les ponts, parmi les machines, au milieu des constructions les plus difficiles et qui exigent d'eux une attention soutenue et absorbante.

Les médecins doivent être prêts à toute heure à venir au secours des malades qui les réclament et à braver tous les dangers de la contagion[1]. On les voit, penchés sur les patients[1], respirer l'air empesté et parfois mortel qui s'échappe de leur haleine, et gagner eux-mêmes le mal funeste dont ils ont réussi à guérir les autres. Plus le danger est grand, plus l'épidémie[1] est violente, plus les médecins tiennent à honneur de combattre l'ennemi, sans souci de leur propre personne.

Ils ressemblent au soldat sur le champ de bataille, dont le devoir est de mourir bravement pour obéir à ses chefs et défendre son drapeau.

Les marins, sur leur navire, ont le devoir de préserver la vie des passagers avant la leur, et le capitaine, même lorsque le bâtiment sombre[1], reste le dernier, debout sur le pont qui s'enfonce, jusqu'à ce qu'il ait donné tous les ordres, mis toutes les embarcations à la mer et fait tout son possible pour sauver tous ses hommes. Alors seulement, s'il le peut, il cherche à se sauver lui-même.

Lorsque le feu prend à une maison, les pompiers accourent, résolus à affronter sans crainte le terrible élément, à se jeter au plus épais de la fumée ou des flammes, et à exposer leurs membres ou leur vie même pour faire leur devoir.

Les fonctionnaires publics ont pour devoir la ponctualité[1] dans l'accomplissement de leur charge, l'exactitude et l'assiduité à leurs fonctions, l'attention et le travail, la déférence envers leurs supérieurs, la bienveillance envers leurs inférieurs, la complaisance envers les personnes qui ont besoin de leur office[1]. Ils doivent servir l'administration qui les emploie, absolument comme s'ils travaillaient pour leur compte, en y apportant le même zèle et le même scrupule qu'à leurs propres affaires.

Ce devoir est bien évident pour les fonctionnaires qui reçoivent des appointements[1], puisqu'autrement ils toucheraient un argent qu'ils n'auraient pas gagné, ce qui serait déshonnête. Mais il est exactement le même pour ceux qui acceptent les fonctions gratuites de maire, de conseiller municipal, de membre d'un comité ou d'une société quelconque. Du moment qu'ils acceptent un emploi, ils doivent s'en acquitter en conscience, car ils prennent la place d'un autre qui aurait pu rendre de meilleurs services.

L'industriel et le commerçant doivent veiller à la bonne exécution des commandes qu'ils reçoivent, à la régularité des travaux, à la qualité des marchandises qu'ils livrent à leurs clients. Ils doivent surveiller leurs établissements eux-mêmes, porter sur tous les points l'œil du maître, rechercher à la fois les économies utiles et les améliorations désirables.

Les patrons doivent de la bienveillance et de la protection à leurs ouvriers et employés; ils leur doivent de bonnes directions, de bons conseils; ils doivent s'efforcer de les faire participer à la prospérité de leurs entreprises, en les associant, autant que possible, à leurs bénéfices, pour se les attacher à la fois comme aides et comme amis.

Les ouvriers et employés doivent à ceux dont ils reçoivent salaire, leur temps et leur intelligence; ils leur doivent du respect, de l'obéissance, un travail sérieux, soit qu'on les surveille, soit qu'on ne les surveille pas, car l'œil de la conscience les voit sans cesse.

Et les écoliers, pensez-vous qu'ils ont des devoirs? Oui, ils ont, tout comme les autres, des « devoirs professionnels. » Les devoirs de leur profession, les voici : écouter leur maître, suivre attentivement ses explications, lui obéir sans hésiter, ne pas s'ingénier à tromper sa surveillance, chercher au contraire à deviner ce qui peut lui être agréable, ne pas perdre leur temps pendant les classes, ne pas distraire leurs camarades, apprendre leurs leçons avec soin, faire scrupuleusement les tâches qu'on leur donne, travailler à s'instruire et à bien profiter des enseignements qu'ils reçoivent, avoir enfin l'ambition de faire honneur à leur école.

LEXIQUE.

Contagion, maladie qui se gagne.
Patient, qui souffre, malade.
Épidémie, maladie contagieuse, qui se répand dans un pays.
Sombrer, s'enfoncer.
Ponctualité, exactitude.
Office, service.
Appointements, traitement, salaire.

EXERCICES.

1. Qu'appelle-t-on les devoirs professionnels ? — Quelle est la maxime qui les résume ? — Expliquez-la.
2. Qu'appelle-t-on les professions libérales ? — Qu'appelle-t-on travail manuel ? — N'y a-t-il rien de commun entre les deux ? — Par quoi se ressemblent-ils ?
3. Quels sont les devoirs des avocats ? — des juges ? — des professeurs ? — des savants ? — des ingénieurs ? — des architectes ? — des médecins ? — des soldats ? — des marins ? — du capitaine ? — des pompiers ?
4. Qu'appelle-t-on fonctionnaires ?
5. Citez ceux que vous connaissez. — Quels sont leurs devoirs ?
6. Quelle différence y a-t-il entre un industriel et un commerçant ? — Quels sont les devoirs de l'un et de l'autre ?
7. Quels sont les devoirs des patrons ? — des ouvriers et employés ?
8. Quelle est la profession des écoliers ? — Quelle différence y a-t-il entre leur profession et toutes celles qui ont été énumérées plus haut ?
9. Qu'est-ce que les écoliers gagnent dans l'exercice de leur profession ? — Quels sont leurs devoirs ?

XXXIV

Devoirs envers la patrie.

La patrie est le pays où nous sommes nés, où sont nés nos aïeux, où ils sont morts, où nous avons été élevés, où vivent nos camarades, nos amis, les membres de notre famille. C'est le pays dont nous parlons la langue, dont nous avons pris les coutumes, auquel se rattachent les principaux souvenirs de notre vie ; c'est le pays dont nous sommes les enfants, les citoyens, dont nous partageons la gloire et les épreuves, dont l'histoire est notre patrimoine[1], dont le drapeau est notre bien et notre honneur.

Nous avons tout reçu de la patrie; c'est d'elle que nous tenons tout ce que nous avons et tout ce que nous sommes; elle nous a élevés, elle nous a nourris, elle nous a protégés; elle nous a donné son esprit, ses mœurs, ses idées, son nom. Nous sommes ses enfants; elle est notre grande famille, elle est notre mère.

Que devons-nous donc en échange à la patrie? Nous lui devons de la reconnaissance. Nous devons la respecter, et la faire respecter partout. Nous devons l'aimer, la servir, la défendre, nous dévouer à son salut, la préférer à nous-même, à nos intérêts et à notre propre famille.

Vous n'êtes point à vous; le temps, les biens, la vie,
Rien ne vous appartient : tout est à la patrie!

Mourir pour la patrie,
C'est le sort le plus beau, le plus digne d'envie!

Ceux qui pieusement sont morts pour la patrie
Ont droit qu'à leur cercueil la foule vienne et prie.
La voix d'un peuple entier les berce en leurs tombeaux,
Entre les plus grands noms leurs noms sont les plus beaux.

Ce n'est pas assez de mourir pour la patrie, il faut aussi vivre pour elle. C'est dans les circonstances critiques[1], dans les temps de guerre, qu'on peut être appelé à se sacrifier au salut de la patrie; mais en tout temps et en toutes circonstances, on peut et on doit la servir.

Les savants la servent en l'éclairant; les industriels en l'enrichissant; les cultivateurs en fécondant son sol; les ouvriers en lui conservant sa bonne réputation de pays laborieux et économe.

Un père et une mère qui élèvent bien leurs enfants, servent la patrie, comme un professeur qui instruit bien ses élèves ou comme un soldat qui se soumet à la discipline et qui apprend le maniement du fusil.

Et les écoliers, peuvent-ils quelque chose pour la patrie? Oui, sans doute, ils peuvent beaucoup et ils ont de grands devoirs envers elle; car c'est d'eux que dépend son avenir.

Si vous semez de la mauvaise herbe dans un champ, récolterez-vous du blé? Si vous plantez du bois mort, verrez-vous pousser des arbres et pourra-t-on jamais s'asseoir à leur ombre? Non, n'est-il pas vrai? Eh bien! pour que la patrie soit grande, forte, riche et honorée, il faut que ses enfants soient de bon grain et de vigoureux rejetons; il faut qu'ils grandissent pour son bonheur et pour sa gloire. Tels écoliers, tels hommes. Si les enfants de la France sont paresseux à l'école, s'ils sont méchants, égoïstes, grossiers, ignorants, ils feront plus tard de mauvais citoyens dont la France rougira; ils ne serviront qu'à l'abaisser, qu'à l'affaiblir, qu'à la déshonorer.

Quand un élève apprend bien ses leçons, est docile à ses maîtres, quand il s'applique à son travail, quand il profite de l'école, quand il s'efforce d'être sage et bon, vous pouvez dire de lui qu'il remplit ses devoirs envers la patrie, parce qu'il se prépare de la meilleure manière à la servir quand il sera grand.

Ils sont nombreux, les exemples de dévouement à la patrie. On en trouve dans tous les temps et dans tous les pays, et les femmes ne sont pas les dernières à nous en offrir d'admirables.

Comme un jeune Lacédémonien[1] partait pour la guerre, sa mère lui dit au départ, en lui remettant son bouclier : « Reviens avec ou dessus, » ce qui voulait dire : reviens vainqueur ou mort, car jamais un Lacédémonien ne perdait son bouclier dans une bataille à moins d'infamie, et quand il avait été tué, ses compagnons le rapportaient couché sur son bouclier. La mère spartiate préférait la gloire de la patrie à la vie de son fils.

Jeanne Darc pouvait mener à la campagne une vie paisible sous le toit de ses parents. Elle partit pour la guerre, se revêtit d'une cuirasse et, l'étendard[1] en main, elle guida ses compatriotes dans leur résistance aux Anglais, qui avaient envahi la France. Elle trouva la mort dans son héroïque entreprise. Jeanne Darc avait préféré la patrie à sa tranquillité, à sa vie et à sa famille.

Jeanne Darc.

C'est pour la gloire de la patrie que les soldats meurent obscurément dans les combats, que les explorateurs [1] parcourent les climats glacés du nord ou les zones torrides du midi. Ils sacrifient joyeusement leur existence pour ajouter un fleuron[1] de plus à la couronne nationale.

LEXIQUE.

Patrimoine, héritage qui vient des pères.

Critiques, difficiles, graves.

Lacédémonien. La ville de Sparte s'appelait aussi Lacédémone. C'était une glorieuse république de l'ancienne Grèce.

Étendard, drapeau.

Explorateurs. Voyageurs qui cherchent à découvrir ou à étudier des pays inconnus.

Fleuron. Ornements en forme de fleur, dont la réunion constitue une couronne. Ajouter un fleuron à une couronne, c'est rendre cette couronne plus belle ; ici cela veut dire augmenter la gloire et la richesse de son pays.

EXERCICES.

1. Qu'est-ce qu'on appelle la patrie? — Quelle est votre patrie? Qu'avez-vous reçu d'elle? — Que lui devez-vous en échange?

2. Connaissez-vous quelques vers sur l'amour de la patrie?

3. Pourquoi est-il beau de mourir pour la patrie?

4. Connaissez-vous des exemples de gens qui soient morts pour patrie?

5. Est-il nécessaire de se faire tuer pour montrer le dévouement la patrie? — Comment peut-on la servir? — Citez des exemples.

6. Qu'est-ce que des enfants peuvent faire pour la patrie?

7. Expliquez la comparaison de la mauvaise herbe et du bois mo

8. Que veut dire cette expression : tel maître, tel valet? — Et celle- tel père, tel fils? — Et celle-ci : tels écoliers, tels hommes?

9. Racontez l'histoire de la mère Spartiate. — Expliquez les mot avec ou dessus. — Que pensez-vous de cet adieu?

10. Dites ce que vous savez de Jeanne Darc. — Peut-on demand aujourd'hui les mêmes actions à des femmes? — Pourquoi non? Que peuvent faire des femmes et des mères pour la patrie?

11. Comment des explorateurs servent-ils la patrie? — (Christop Colomb, Bougainville, Dumont d'Urville.)

XXXV

Devoirs civiques.

Si les hommes vivaient en sauvages dans les bois, traitant entre eux comme des loups qui se dispute leur proie, pensez-vous qu'il serait agréable de se tro ver au milieu d'eux? Les faibles seraient opprimés dépouillés par les forts, et ce serait entre les vainque une guerre perpétuelle. Il n'y aurait ni sûreté ni justi pour personne.

Heureusement qu'il n'en est pas ainsi. Les homn ont établi entre eux une société, des arrangements des lois. Ils ont constitué une autorité, acceptée tous, qui représente les intérêts de tous, et qui s'appe l'État.

L'État ou le gouvernement n'est pas un maître viol et cruel; ce n'est pas un despote: c'est le gardien lois ; le tuteur des faibles et des petits ; le protecteur des opprimés, le défenseur de l'ordre et des libertés publiques, le dispensateur[1] de la justice ; il est, en un mot, le chargé d'affaires du pays. Ce n'est pas un homme, possédant ce droit par héritage de père en fils ; ce sont des citoyens comme les autres, auxquels leurs concitoyens confient, pour un certain temps, la mission de s'occuper des intérêts généraux, en suivant des règles qui s'appellent les **lois.**

Le premier devoir pour tous, qu'ils fassent momentanément partie du gouvernement ou qu'ils soient simples citoyens, c'est l'**obéissance aux lois** du pays. Nous pouvons discuter les lois, les critiquer, en désirer de meilleures sur certains points, mais tant qu'elles existent, nous ne devons, sous aucun prétexte, les transgresser. Chacun n'aurait qu'à déclarer mauvaises les lois qui le gênent, et nous retomberions dans la barbarie.

Tout le monde est censé connaître les lois, et en effet, celles qui sont importantes sont généralement assez simples, assez conformes à la raison et à la justice, assez pratiquées sous nos yeux, pour que nous ne les ignorions pas. Quant aux lois difficiles à connaître, et qui règlent les cas exceptionnels, il y a des hommes qui se consacrent spécialement à cette étude et auprès desquels nous pouvons nous renseigner.

L'une des premières conditions pour que les sociétés puissent vivre, c'est qu'elles aient des ressources suffisantes pour couvrir les dépenses communes : il faut payer l'établissement des routes, des canaux, des ports, des ponts, des écoles, l'éclairage des rues, l'entretien des troupes, etc. L'argent nécessaire à toutes ces dépenses s'obtient au moyen de l'**impôt**[1]. C'est un devoir pour tous les citoyens de payer fidèlement l'impôt et de contribuer ainsi, chacun pour sa part, aux services publics dont ils profitent.

Il y a des gens qui s'ingénient à ne pas payer leurs **contributions** et à frauder soit le percepteur des contributions directes[1], soit les employés des contributions indirectes[1] et de l'octroi[1]. Il faut bien se dire qu'il est aussi coupable de tromper l'État que de tromper des particuliers; c'est toujours un vol qu'on commet au préjudice d'autrui. C'est un acte de malhonnête homme et de mauvais citoyen.

Ce n'est pas seulement notre argent, c'est aussi notre temps et, s'il le faut, notre vie, que nous devons à l'État. Pour défendre le pays contre les agressions de l'étranger, il faut une **armée**. Cette armée se compose de tous les Français en âge de porter les armes. Chacun doit à son tour payer ce tribut, passer son temps dans les rangs des soldats, accomplir son **service militaire**. Quand on aime ardemment son pays, on ne regrette pas ces quelques années passées à l'ombre du drapeau national. Quoiqu'on n'y jouisse pas de toutes ses aises et de toute sa liberté, on se rappelle plus tard avec joie et fierté le temps où l'on portait l'uniforme du soldat français.

Il est enfin un **devoir civique**, c'est-à-dire un devoir du citoyen qui n'est que le privilège des pays libres, c'est celui qui correspond au droit de **vote**. Par le vote, tout citoyen exerce les fonctions de souverain[1]; il nomme ses représentants à tous les degrés[1]. Son devoir est de voter avec intelligence, avec conscience, librement. Une des fautes les plus graves qu'il puisse commettre, c'est de voter au hasard, ou par faiblesse ou par peur, au risque de livrer le gouvernement de sa ville ou de son pays à des malfaiteurs. Mais il y a pire encore; ce serait de leur vendre son suffrage pour des faveurs[1] ou pour de l'argent. L'exercice du vote est sacré; il faut voter sans se laisser gagner par l'indifférence; mais il ne faut pas non plus se laisser influencer par l'intimidation ou par la corruption. Un bon citoyen ne doit s'inspirer dans ses votes que du patriotisme.

LEXIQUE.

Dispensateur, distributeur. Dispenser la justice veut dire rendre la justice.

Impôt, sommes qui sont imposées par le vote des Chambres à tous les habitants du pays pour les dépenses générales.

Contributions : directes, ce sont les impôts payés directement au percepteur ; indirectes, ce sont ceux qui sont payés par les consommateurs sur les différents objets qu'ils achètent.

Octroi. C'est l'impôt qui est mis à la porte des villes sur les divers produits qui seront utilisés dans la ville.

Souverain, roi, maître.

A tous les degrés, c'est-à-dire Conseil municipal, Conseil d'arrondissement, Conseil général, Chambre des députés.

Faveurs, privilèges, emplois, places.

EXERCICES.

1. Qu'arriverait-il si les hommes vivaient sans lois? — Décrivez ce que serait leur situation.
2. Qu'est-ce qu'on appelle une société, — un État?
3. A quoi sert le gouvernement?
4. Qu'est-ce que les lois?
5. Quel est le premier devoir de tous ceux qui vivent en société?
6. Peut-on violer les lois sous prétexte qu'on les trouve mauvaises?
7. Connaissez-vous les lois de votre pays? — Est-il nécessaire de les connaître toutes? — Comment fait-on pour les lois difficiles à connaître?
8. Quelle condition est nécessaire pour qu'une société puisse vivre? — Quelles sont les dépenses d'utilité commune?
9. Qu'appelle-t-on l'impôt? — Pourquoi lui donne-t-on aussi le nom de contribution?
10. Est-il permis de tromper l'État et de se soustraire au payement de l'impôt?
11. Pourquoi devons-nous le service militaire? — Que pensez-vous de cette nécessité d'être soldat? — Qu'y a-t-il là d'ennuyeux et qu'y a-t-il de bon?
12. Qu'est-ce que le droit de vote? — Comment un bon citoyen doit-il voter? — Pourquoi ne doit-il pas céder à la peur? — Pourquoi ne doit-il pas vendre son suffrage?
13. Dites ce qu'on appelle devoirs civiques. — Pourquoi ce nom?

XXXVI

Devoir des gouvernants. — Devoir des nations.

Autrefois, on croyait que le roi possédait un **droit divin**[1] sur les peuples, qu'il était le propriétaire du sol, le maître des habitants. Ceux-ci n'étaient pas des citoyens, mais des **sujets**. Ils s'agenouillaient devant le roi, ils obéissaient **aveuglément** à sa volonté ; ils ne discutaient pas ses ordres.

Le roi, de son côté, ne se connaissait que des droits et peu de devoirs. Il n'en est plus de même aujourd'hui. Ceux qui gouvernent sont liés par une **constitution** et par des lois, et s'ils s'en écartent, s'ils violent la constitution et les lois, ce sont des criminels qui méritent de passer en jugement et de subir les peines les plus graves.

Leur devoir est de se conformer aux **volontés de la nation**, exprimées par ses différents corps[1] élus.

On raconte que Louis XIV, à peine sorti de l'enfance, ayant éprouvé quelque résistance du côté du Parlement[1], y était entré un jour, insolemment, botté, éperonné et la cravache à la main, pour faire sentir à la fois sa colère et sa toute-puissance.

A l'heure actuelle, c'est le **Parlement** qui possède la puissance, parce qu'il est la réunion des **représentants du peuple**, librement élus. C'est lui qui vote l'impôt, qui fait les lois, qui dirige les gouvernants.

Les gouvernants ne doivent se regarder que comme l'organe[1] de la volonté populaire, se renfermer strictement dans leurs attributions, se considérer, non comme les maîtres du pays, mais comme les **magistrats** du peuple, les premiers parmi leurs égaux, et n'avoir devant les yeux d'autre règle d'action et d'autre but que la justice.

C'est la **justice** aussi qui doit régler les rapports des **nations** entre elles. Elles doivent observer fidèlement

Louis XIV au Parlement.

les traités qu'elles ont conclus, respecter mutuellement leurs frontières et s'abstenir d'intervention dans les affaires intérieures des voisins.

Quelles que soient les lois qu'un peuple s'impose à lui-même, quels que soient ses préparatifs militaires, ses constructions de remparts et de forteresses, ses travaux de routes, de canaux et de chemins de fer, aucune nation étrangère n'a le droit de s'en mêler.

L'indépendance des États est leur bien le plus précieux ; nul ne peut se permettre d'y toucher. Un puissant voisin qui abuse de sa force pour s'emparer d'un État faible, pour l'assujettir et l'absorber[1], ou seulement pour lui imposer ses volontés et ses lois, manque à la justice. Car la loi des peuples est la même que celle des individus : un peuple ne doit pas faire à un autre ce qu'il ne veut pas qu'on lui fasse.

Lorsqu'un dissentiment[1] éclate entre deux nations, il n'y a malheureusement pas de **tribunal arbitral**[1] pour décider de leur querelle; le temps viendra sans doute où les peuples constitueront entre eux une vaste société, ayant ses lois générales et ses arbitres. Aujourd'hui, à part de rares exceptions, c'est la **guerre** qui décide entre les peuples; et la guerre, ce n'est pas le droit du plus juste, mais le **droit du plus fort.**

On appelle belligérants les peuples qui luttent entre eux à main armée. Il y a entre belligérants certains devoirs, certains droits qu'il n'est pas permis de violer, sous peine de se ranger soi-même hors de l'humanité et de mériter le mépris du monde civilisé. Même à la guerre, le pillage est honteux; une armée qui s'avance en pays ennemi doit payer ce qu'elle prend aux habitants; les femmes, les enfants, les vieillards, les gens inoffensifs doivent être respectés; les blessés ennemis doivent être recueillis et soignés; les prisonniers traités honorablement; les morts ensevelis avec respect.

Les vainqueurs peuvent imposer aux vaincus certaines conditions, des **traités** avantageux, des **indemnités** d'argent, des rançons; c'est une sorte d'amende comme celles que les tribunaux infligent aux particuliers : c'est la conséquence de la force. Mais plus nous allons, plus la conscience publique proteste contre les **conquêtes**, contre les annexions[1] de peuples et de territoires sans l'assentiment des habitants.

On ne peut pas disposer des hommes **malgré eux**; ils ne sont pas un bétail qu'on puisse transmettre d'un propriétaire à l'autre. Autrefois les conquêtes étaient le but et le résultat des guerres; aujourd'hui, elles ne sont plus qu'un reste de la barbarie ancienne et il faut les effacer du **droit des gens**[1].

LEXIQUE.

Droit divin, un droit que les rois prétendaient tenir de Dieu même.

Corps, assemblées.

Parlement. C'était alors un tribunal, composé de magistrats chargés d'inscrire les lois et non de les faire; ils achetaient leurs charges avec de l'argent, loin d'être élus par le peuple. Aujourd'hui on appelle Parlement les assemblées élues par les citoyens pour voter les lois et former le gouvernement.

Organe, instrument.

Absorber, accaparer, prendre pour soi.

Dissentiment, querelle.

Arbitral, composé d'arbitres. Des arbitres sont des juges choisis par les parties pour décider entre elles à l'amiable, sans procès.

Annexer, conquérir, s'approprier.

Droit des gens, droits et devoirs réciproques des nations.

EXERCICES.

1. Quelle était l'opinion que les rois avaient autrefois de leur pouvoir? — Qu'en pensez-vous?
2. Quelle différence y a-t-il entre sujets et citoyens?
3. Quelle différence faites-vous entre les droits et les devoirs?
4. Y a-t-il quelqu'un qui ait des droits sans des devoirs?
5. Quels sont les liens qui retiennent les gouvernements?
6. Que pensez-vous de ceux qui violent la constitution de leur pays?
7. Quels sont les devoirs des gouvernants?
8. Racontez l'entrée du jeune roi Louis XIV dans le Parlement. — Qu'en pensez-vous?
9. Quelle différence y a-t-il entre le Parlement de ce temps-là et celui d'aujourd'hui?
10. Quelle est la règle qui doit dominer les rapports des nations entre elles? — Qu'appelle-t-on le droit des gens?
11. Quels sont les principaux devoirs des peuples entre eux?
12. Par quoi serait-il bon de pouvoir remplacer la guerre? — Connaissez-vous une fable de La Fontaine où il est question du droit du plus fort? — Racontez ou récitez-la.
13. Même à la guerre, y a-t-il des règles et des devoirs?
14. Qu'est-ce que l'annexion? — Que pensez-vous des conquêtes? — Les juge-t-on aujourd'hui de la même manière qu'autrefois?

XXXVII

Devoirs religieux.

Nous ne nous sommes pas créés nous-mêmes. Ce n'est pas nous qui avons fait le monde où nous vivons. Lorsque nous regardons la terre qui nous sert de demeure, le ciel infini qui s'étend sur nos têtes, nous sommes saisis d'admiration et de respect. Une force cachée déploie, comme un éblouissant manteau, toutes les richesses et toutes les beautés de la nature, fait jaillir de terre les plantes, les fleurs et les fruits, fait monter l'eau en vapeur, la fait ruisseler en pluie pour féconder le sol, donne la vie à des multitudes innombrables d'êtres dont la structure [1] est merveilleuse.

Cette même force invisible a jeté des millions de mondes dans l'espace et les fait paisiblement et régulièrement tourner les uns autour des autres, sans qu'il s'éloignent jamais de la limite qui leur est tracée.

A toutes ces œuvres, il faut ajouter la plus belle, la plus étonnante : c'est l'esprit de l'homme, dont les pensées et les sentiments dépassent infiniment le cercle où il se meut [1], c'est la conscience de l'homme, éclatante lumière du monde moral.

Il y a dans toute la nature tant de puissance, tant de sagesse, tant de raison, tout y est si bien conduit, si bien préparé, si ingénieusement agencé et coordonné [1], qu'il faut reconnaître que l'auteur de toutes ces œuvres est un être dont la puissance, la sagesse et la raison dépassent tout ce que nous pouvons concevoir [1].

Cette force cachée, cette raison suprême, cet auteur mystérieux de tout ce qui existe, nous l'appelons **Dieu**. Dans notre faiblesse, nous ne pouvons ni le comprendre, ni le définir. Nous nous bornons à dire qu'il existe, qu'il est la source de toute pensée, de tout sentiment, de toute vertu.

Nous avons déjà vu que l'homme a des devoirs envers tous les êtres. En avons-nous envers Dieu ? Oui, vraiment.

Devant cette puissance souveraine, devant cette bonté infinie, nous devons nous incliner, pénétrés d'admiration et de reconnaissance. C'est ce qu'on appelle la **religion**.

C'est un devoir religieux que d'admirer la nature et d'adorer son auteur, que de se laisser pénétrer d'émotion à la vue des abîmes étoilés qui resplendissent autour de nous et de la loi morale que nous portons dans nos âmes. Celui qui passe froid et indifférent au milieu de ces magnificences, manque au plus noble de ses devoirs et n'est pas homme.

C'est un devoir religieux que d'étudier et d'admirer les œuvres de l'esprit humain, les beautés de l'art, les découvertes de la science, les progrès de la civilisation et d'y collaborer[1] aussi, pour obéir à l'impulsion[1] divine qui entraîne l'humanité.

C'est un devoir religieux que d'aimer les hommes, nos frères, enfants comme nous d'un père universel, qui nous a créés pour nous soutenir les uns les autres dans les difficiles sentiers de la vie.

C'est un devoir religieux que d'aimer tout ce qui est bon, tout ce qui est juste, tout ce qui est vrai, que d'obéir coûte que coûte à la conscience, que de grandir en sagesse, en vertu et en dévouement, que de nous élever au-dessus des vulgarités et des égoïsmes qui nous entourent.

C'est un devoir religieux que d'avoir confiance en l'avenir, que de se reposer du soin de nos destinées immortelles sur la volonté souveraine qui nous a appelés à vivre et qui nous a marqué notre place dans l'enchaînement des êtres.

Tous ces devoirs nous sont personnels et ne regardent qui que ce soit en dehors de nous-mêmes. Nul n'a le droit de nous les dicter, de nous les imposer, de se mêler de la manière dont nous les remplissons ou non. C'est une affaire entre Dieu et nous. La religion est un sentiment intime[1], jaillissant du cœur de l'homme et écartant avec un soin jaloux toute autorité étrangère.

Que nous soyons religieux ou non, que nous entendions ou pratiquions la religion à notre manière, ou que nous n'en pratiquions pas du tout, aucune loi n'a le droit de s'en occuper. Mais nous non plus, nous n'avons pas le droit de nous ingérer[1] dans le culte des autres, de les contraindre à adorer ou à prier à notre façon. Tous les **cultes** sont **libres** et doivent le rester.

La **persécution** religieuse est un crime odieux, parce qu'elle porte atteinte à ce qu'il y a de plus sacré dans l'homme, sa conscience. Imposer ou interdire une croyance religieuse est aussi absurde que coupable, car la foi n'est rien si elle n'est pas libre, et quand elle est sincère, il n'y a aucune violence au monde qui soit en état de la détruire.

Tels sont les devoirs généraux de l'homme envers Dieu. Quant aux devoirs spéciaux que prescrivent les diverses religions, ce sont les ministres des cultes ou les livres sacrés reconnus par chaque croyance qui se chargent de les enseigner.

LEXIQUE.

Structure, conformation.
Se meut, s'agite, existe.
Agencé, arrangé.
Coordonné, mis en ordre, placé l'un à côté de l'autre.
Concevoir, imaginer, comprendre.
Collaborer, travailler avec.
Impulsion, poussée, mouvement, entraînement.
Intime, intérieur.
S'ingérer, se mêler de.

EXERCICES.

1. Avez-vous jamais réfléchi à tout ce qu'il faut d'art et de puissance pour produire une plante avec ses fleurs et ses fruits?

2. Que trouvez-vous de remarquable dans la structure d'un cheval, — d'un oiseau, — d'une fourmi?

3. Dites ce que vous savez du ciel, — des planètes, — des étoiles.

4. Pourquoi l'homme est-il la plus étonnante des créatures? — Un homme qui pense et qui parle, en quoi est-il plus remarquable qu'un arbre ou qu'une fleur?

5. Quelles qualités pouvons-nous raisonnablement attribuer à Dieu? — Quels sentiments devons-nous avoir à son égard?

6. Citez des devoirs religieux.

7. Ces devoirs peuvent-ils être imposés par des lois? — En sommes-nous responsables devant les hommes?

8. Quels sont nos devoirs vis-à-vis des différents cultes que les hommes professent?

9. Qu'est-ce qu'on appelle la persécution religieuse? — Pourquoi est-elle criminelle et absurde?

QUATRIÈME PARTIE

INSTRUCTION CIVIQUE

XXXVIII

La Révolution française.

Depuis des siècles, la France gémissait sous le joug des rois et des seigneurs. Ils étaient les maîtres, et le peuple n'avait aucun droit; il travaillait pour eux, il payait toutes leurs dépenses, il était foulé aux pieds et souvent il mourait de faim. On disait de lui qu'il était taillable[1] et corvéable[1] à merci[1], c'est-à-dire que ses maîtres pouvaient lui imposer à leur volonté toutes les corvées possibles et toutes les contributions imaginables, qu'on appelait la taille, le cens[1], la gabelle[1], la dîme[1], etc.

Quand il ne voulait pas travailler pour les seigneurs, on le battait, on le jetait en prison. Quand il ne pouvait plus payer les lourds impôts qui l'écrasaient, on vendait la maison, les outils, et on jetait les pauvres gens dehors, dans les bois, où ils se nourrissaient d'herbe.

Soumis à tous les caprices de ses maîtres, le peuple ne jouissait d'aucune liberté; il ne pouvait ni suivre la religion qui lui convenait, ni diriger les affaires de sa ville ou de son village, ni exercer les métiers qu'il lui plaisait.

Le moment vint où il se fatigua de cet esclavage, et où il réussit à s'en affranchir.

Le roi Louis XVI, à bout de ressources, avait eu l'idée de convoquer les États généraux pour leur demander de l'argent, c'est-à-dire pour imposer au peuple de nouvelles charges. Ces États généraux, qui n'avaient pas été convoqués depuis plus d'un siècle, se composaient de députés de la Noblesse, du Clergé et de la bourgeoisie, qu'on appelait le tiers état[1].

Les députés du tiers état, qui étaient les plus nombreux, élevèrent la voix en faveur du peuple, exposèrent avec éloquence ses souffrances et ses plaintes, et, soutenus par lui dans les villes comme dans les campagnes, ils accomplirent la grande révolution de 1789.

Malgré la résistance du roi, des nobles et du clergé, les représentants du peuple se constituèrent en Assemblée nationale. Ils supprimèrent les abus et les exactions[1] qui avaient ruiné la France; ils enlevèrent à la noblesse et au clergé leurs privilèges, et les soumirent à la règle commune; ils proclamèrent les droits de l'homme et du citoyen; ils établirent la liberté de parole, la liberté de la presse, la liberté du travail, la liberté de réunion, la liberté religieuse; ils fondèrent l'égalité de tous les Français devant la loi.

Auparavant les seigneurs et les prêtres ne payaient pas d'impôt; les nobles seuls pouvaient devenir officiers; les juges achetaient leur charge à beaux deniers comptants[1]; le paysan ne pouvait pas chasser les pigeons ou les lapins qui dévoraient ses champs; l'ouvrier, le pauvre, étaient regardés comme des animaux qu'on n'a pas besoin de ménager.

La Révolution de 1789 a changé ce triste état de choses. Elle a commencé une nouvelle histoire de France; elle a créé un pays nouveau; elle a rendu le peuple maître là où il était esclave; elle a enlevé au roi la souveraineté pour la transférer aux citoyens; elle a remplacé le règne du bon plaisir[1] par le règne des lois.

A partir de cette époque, tout citoyen a été maître chez lui. Les immenses biens que le clergé et les nobles avaient accaparés et qu'ils laissaient sans culture ont été achetés et travaillés par les paysans, devenus propriétaires au lieu de rester serfs[1]. L'impôt a été supporté par tous proportionnellement à leur fortune. Le moindre soldat a pu arriver aux plus hauts grades de l'armée, après avoir vaillamment combattu sous les plis du drapeau tricolore, devenu le drapeau de la nation et remplaçant la bannière blanche de la maison du roi.

Honneur à la Révolution française! C'est à elle que nous devons d'être des fils d'hommes libres. C'est elle qui a proclamé l'immortelle devise : Liberté, Égalité, Fraternité.

Aussi avec quelle joie, avec quel enthousiasme nous célébrons chaque année sa fête, qui est la fête de la France, le 14 juillet, en souvenir de la mémorable[1] journée où le peuple de Paris a pris la Bastille en 1789. La Bastille, c'était la terrible prison où la royauté enfermait ses victimes. Elle était le lugubre symbole du despotisme[1] et paraissait invincible comme lui. Le peuple l'a démolie, et, l'année suivante, on lisait, à la place où

Prise de la Bastille.

s'élevaient jadis les noirs donjons[1] royaux, un écriteau avec ces joyeuses paroles : Ici l'on danse !

LEXIQUE.

Taillable, soumis à la taille; c'est ainsi que l'on appelait l'impôt sous l'ancien régime.
Corvéable, soumis à la corvée, c'est-à-dire à des travaux qu'il fallait faire gratuitement pour les seigneurs.
A merci, à discrétion, à volonté, sans limites.
Cens. loyer qu'on payait au seigneur pour la terre qu'on travaillait.
Gabelle, impôt sur le sel et sur toutes les denrées.
Dîme, dixième partie des récoltes qu'on payait au clergé.
Tiers État, le troisième État, celui des bourgeois et du peuple. Les deux autres États étaient la noblesse et le clergé.
Exactions, abus qui consistaient à exiger du peuple plus qu'il ne devait.
Deniers, à beaux deniers comptants, moyennant de l'argent.
Bon plaisir, caprice, volonté du roi.
Serfs, esclaves.
Mémorable, digne qu'on s'en souvienne.
Despotisme, gouvernement absolu.
Lugubre, triste, qui fait pleurer.
Donjon, tour, prison.

EXERCICES.

1. Qu'appelle-t-on la Révolution française ?
2. Quelle était la situation du peuple sous l'ancien régime ?
3. Que veut dire taillable et corvéable à merci ?
4. Quels étaient les droits et les libertés dont jouissait le peuple ? — Les droits et les libertés qu'il n'avait pas ?
5. Qu'est-ce que les États généraux ? — Comment étaient-ils composés ? — Pourquoi Louis XVI les convoqua-t-il ?
6. Que fit l'Assemblée nationale ? — Quels sentiments doit nous inspirer son souvenir ?
7. Montrez quelques-unes des différences les plus importantes entre l'ancien régime et le temps actuel. — Lequel des deux préférez-vous ? — Pourquoi ?
8. Quelle est la date qui a été choisie pour la fête nationale de la France ? — Dites pourquoi. — Racontez ce que vous savez de la prise de la Bastille.

XXXIX

Les principes de quatre-vingt-neuf.

Voici en quels termes nos pères de la Révolution ont proclamé en 1789 les droits immortels de l'homme et du citoyen :

« Les représentants du peuple français constitués en Assemblée nationale,

« Considérant que l'ignorance, l'oubli ou le mépris des droits de l'homme sont les seules causes des malheurs publics et de la corruption des gouvernements,

« Ont résolu d'exposer dans une déclaration solennelle les droits naturels, inaliénables[1] et sacrés de l'homme ;

« Afin que cette déclaration, constamment présente à tous les membres du corps social[1], leur rappelle sans cesse leurs droits et leurs devoirs ;

« Afin que les actes du pouvoir législatif et ceux du pouvoir exécutif pouvant être à chaque instant comparés avec le but de toute institution politique[1], en soient plus respectés ;

« Afin que les réclamations des citoyens, fondées désormais sur des principes simples et incontestables, tournent toujours au maintien de la Constitution et au bonheur de tous ;

« En conséquence, l'Assemblée nationale reconnaît et déclare, en présence et sous les auspices[1] de l'Être suprême, les droits suivants de l'homme et du citoyen :

« ART. 1er. Les hommes naissent et demeurent libres et égaux en droits. Les distinctions sociales ne peuvent être fondées que sur l'utilité commune.

« ART. 2. Le but de toute association politique est la conservation des droits naturels et imprescriptibles[1] de l'homme. Ces droits sont la liberté, la propriété, la sûreté et la résistance à l'oppression.

« Art. 3. Le principe de toute souveraineté réside essentiellement dans la nation. Nul corps[1], nul individu ne peut exercer d'autorité qui n'en émane expressément.

« Art. 4. La liberté consiste à pouvoir faire tout ce qui ne nuit pas à autrui. Ainsi l'exercice des droits naturels de chaque homme n'a de bornes que celles qui assurent aux autres membres de la société la jouissance de ces mêmes droits. Ces bornes ne peuvent être déterminées que par la loi.

« Art. 5. La loi n'a le droit de défendre que les actions nuisibles à la société. Tout ce qui n'est pas défendu par la loi ne peut être empêché et nul ne peut être contraint à faire ce qu'elle n'ordonne pas.

« Art. 6. La loi est l'expression de la volonté générale. Tous les citoyens ont le droit de concourir, personnellement ou par leurs représentants, à sa formation. Elle doit être la même pour tous, soit qu'elle protège, soit qu'elle punisse. Tous les citoyens étant égaux à ses yeux, sont légalement admissibles à toutes dignités, places et emplois publics, selon leur capacité, et sans autre distinction que celles de leurs vertus et de leurs talents.

« Art. 7. Nul homme ne peut être accusé, arrêté ni détenu que dans des cas déterminés par la loi, et selon les formes qu'elle a prescrites. Ceux qui sollicitent, expédient[1], exécutent, ou font exécuter des ordres arbitraires[1], doivent être punis. Mais tout citoyen appelé ou saisi en vertu de la loi doit obéir à l'instant; il se rend coupable par sa résistance.

« Art. 8. La loi ne doit établir que des peines strictement et évidemment nécessaires, et nul ne peut être puni qu'en vertu d'une loi établie et promulguée[1] antérieurement au délit, et légalement appliquée.

« Art. 9. Tout homme étant présumé[1] innocent jusqu'à ce qu'il ait été déclaré coupable, s'il est jugé indispensable de l'arrêter, toute rigueur qui ne serait pas nécessaire pour s'assurer de sa personne, doit être sévèrement réprimée par la loi.

« Art. 10. Nul ne doit être inquiété pour ses opinions, même religieuses, pourvu que leur manifestation ne trouble pas l'ordre public établi par la loi.

« Art. 11. La libre communication des pensées et des opinions est un des droits les plus précieux de l'homme. Tout citoyen peut donc parler, écrire, imprimer librement, sauf à répondre de l'abus de cette liberté dans des cas déterminés par la loi.

« Art. 12. La garantie des droits de l'homme et du citoyen nécessite une force publique [1]. Cette force est donc instituée pour l'avantage de tous et non pour l'utilité particulière de ceux auxquels elle est confiée.

« Art. 13. Pour l'entretien de la force publique et pour les dépenses d'administration, une contribution commune est indispensable. Elle doit être également répartie [1] entre tous les citoyens, en raison de leurs facultés [1].

« Art. 14. Tous les citoyens ont le droit de constater, par eux-mêmes ou par leurs représentants, la nécessité de la contribution publique, de la consentir librement, d'en suivre l'emploi, et d'en déterminer la quotité[1], l'assiette[1], le recouvrement et la durée.

« Art. 15. La société a le droit de demander compte de son administration à tout agent public.

« Art. 16. Toute société dans laquelle la garantie des droits n'est pas assurée ni la séparation[1] des pouvoirs déterminée, n'a point de constitution.

« Art. 17. La propriété étant un droit inviolable et sacré, nul n'en peut être privé, si ce n'est lorsque la nécessité publique, légalement constatée, l'exige évidemment, et sous la condition d'une juste et préalable indemnité [1]. »

LEXIQUE.

Inaliénables, qu'on ne peut pas vendre, dont on ne doit pas se dépouiller.

Corps social, la société.

Le but de toute institution politique, c'est de sauvegarder les droits de l'homme, de mettre chaque homme en état d'exercer librement ses droits.

Auspices. Sous les auspices, sous la surveillance et la protection.

Imprescriptibles, indestructibles, qui subsistent quand même on serait empêché de les exercer.

Corps, groupe ou association d'individus.

Expédient, envoient.

Arbitraire, capricieux, provenant d'une volonté individuelle et non de la loi.

Promulguée, publiée régulièrement dans le journal officiel du pays, afin que tout le monde en ait connaissance.

Présumé, supposé.

Force publique, armée, gendarmerie.

Répartie, partagée, divisée.

Facultés, ressources, moyens.

Quotité, part de l'impôt qui est demandée à chacun.

Assiette, la manière d'établir et de répartir l'impôt.

Séparation des pouvoirs. Cela signifie que ce ne sont pas les mêmes personnes qui doivent avoir le pouvoir de faire les lois et le pouvoir de les appliquer.

Indemnité, payement d'une somme équivalente; **préalable,** c'est-à-dire payée auparavant.

EXERCICES.

Ce chapitre doit, par exception, être appris par cœur. Ce sera l'objet de plusieurs leçons. Il a des parties difficiles à comprendre à la simple lecture, mais qu'un peu d'attention suffira à expliquer.

XL

La République.

La République[1] est la forme de gouvernement la plus belle, la plus juste et la meilleure. Dans la monarchie[1], c'est un seul homme qui règne, qui commande, qui hérite le pouvoir de père en fils ; il se nomme prince, roi ou empereur. Les habitants sont ses sujets, il est leur maître, et il le reste, qu'il fasse bien ou qu'il fasse mal. Dans la République, le gouvernement est confié pour un temps à des hommes élus par leurs concitoyens, et responsables de leurs actes. Si le pays est content d'eux, il les maintient au pouvoir ; s'il n'en est pas content, il les change, sans bruit, sans violence, par le seul effet de ses suffrages.

Dans une monarchie, on n'arrive à se débarrasser d'un maître gênant, oppresseur ou injuste, qu'au moyen d'une révolution ; le fusil est l'instrument de la délivrance. Dans une république, l'arme toute puissante au moyen de laquelle on arrive à conquérir toutes les libertés et à réaliser tous les progrès, c'est le bulletin de vote.

La République est le gouvernement des hommes libres, de ceux qui veulent et qui savent se gouverner eux-mêmes.

Trois fois la République a été proclamée en France. La première fois le 22 septembre 1792. On avait compté que le roi Louis XVI tiendrait le serment qu'il avait prêté à la nouvelle Constitution et aux principes de la Révolution française ; mais au contraire, il se laissa entraîner à conspirer contre les lois dont il avait la garde :

bien plus, il poussa l'oubli de tous ses devoirs jusqu'à préparer l'invasion de la France par les nations étrangères. Il fut déposé[1], et la République fut proclamée.

Elle soutint des guerres héroïques, chassa l'étranger, élargit les frontières de la France, créa les grands établissements d'instruction publique et fit passer dans les lois et l'administration les principes de Quatre-vingt-neuf. Malheureusement étouffée par l'empire, auquel succédèrent les dynasties[1] des Bourbons et des princes d'Orléans, la République reparut après un demi siècle.

C'est le 24 février 1848 qu'elle fut proclamée pour la seconde fois à Paris, après qu'une révolution eut chassé le roi Louis-Philippe Ier qui s'opposait obstinément aux réformes réclamées par le pays.

La seconde République n'a laissé après elle que des bienfaits; elle a établi le suffrage universel, supprimé la peine de mort en matière politique, et aboli l'esclavage dans les colonies françaises. Elle aurait assuré la paix, la liberté et la prospérité de la France, si elle n'avait été traîtreusement égorgée, dans la nuit du 2 décembre 1851, par le président qui avait juré de la défendre.

Le second empire se termina par une catastrophe épouvantable. Se sentant ébranlé après dix-huit ans de despotisme, il avait follement déclaré la guerre à l'Allemagne dans l'espoir de se raffermir au moyen de victoires qui auraient donné un nouveau lustre[1] au nom des Napoléons. Cet espoir fut déçu[1], la guerre fut une suite de désastres causés par l'imprévoyance du gouvernement; l'empereur fut fait prisonnier à Sedan avec son armée et emmené en Allemagne.

Le Corps législatif vota la déchéance[1] de l'Empire et le peuple de Paris proclama pour la troisième fois la République, le 4 septembre 1870, aux acclamations de tous les patriotes.

Les premières années de la troisième République

ont été difficiles. Elle a dû faire la paix avec l'envahisseur au prix des plus cruels sacrifices, céder l'Alsace et la Lorraine, payer une rançon de cinq milliards[1], établir pour plus de sept cent millions d'impôts nouveaux, destinés à régler la situation ruineuse que lui avait laissée l'empire en s'écroulant.

Bien plus, elle avait à lutter chaque jour contre les partisans des régimes déchus, qui voulaient ramener en France soit l'empire, soit la royauté. Mais ils ont échoué dans leurs efforts et les populations se sont montrées de plus en plus attachées à la République, qui a été définitivement consacrée comme le gouvernement légal[1] de la France par la Constitution du 25 février 1875.

Aujourd'hui la République, c'est la France elle-même. On n'est pas un bon Français, respectueux des lois et de la constitution de son pays, si l'on n'est pas républicain.

LEXIQUE.

République. Ce mot signifie *la chose publique*, c'est-à-dire l'intérêt du public confié au public lui-même, le public faisant ses propres affaires, s'occupant de sa chose, de ses biens, de ses droits, sans obéir à un maître. Son maître, c'est la loi, c'est-à-dire la volonté du public, la volonté commune.

Monarchie, le commandement d'un seul.

Déposé, détrôné, dépouillé de son titre de roi.

Dynastie, famille de monarques.

Lustre, éclat, gloire.

Déçu, trompé.

Déchéance, chute, perte du pouvoir. **Déchu,** tombé, chassé.

Rançon, payement, rachat, prix qu'il a fallu payer pour délivrer le territoire français de la présence de l'ennemi.

Milliard, mille millions.

Légal, établi par les lois.

EXERCICES.

1. Qu'appelle-t-on République? — Que signifie ce mot? — Quelle différence y a-t-il entre une République et une Monarchie?
2. Quels sont les avantages de la République sur la Monarchie?
3. Quand la République fut-elle proclamée en France pour la première fois? — Pour la seconde fois? — Pour la troisième fois?
4. Dites ce que vous savez de la première République? — de la seconde? — de la troisième.
5. Pourquoi aujourd'hui un bon Français doit-il être républicain?

XLI

La souveraineté nationale.

Quel est le véritable **maître** de la France? Les gens qui l'habitent. Ils possèdent les uns le terrain, les autres les maisons, les autres l'argent, les autres les outils et instruments de travail. Ils se gouvernent eux-mêmes, ne reçoivent de lois que d'eux-mêmes. Ils ne dépendent ni d'un homme ni d'une famille. Ils forment la **nation**, et la nation est sa propre maîtresse, elle est **souveraine** sur son territoire.

La nation est l'ensemble des citoyens et de leurs familles. Ce que l'ensemble des citoyens a décidé, personne n'a le droit de s'y opposer. Il lève les impôts, il forme l'armée, il ouvre les routes, il exerce la police, il fait des lois, il exige qu'on leur obéisse, il est tout puissant chez lui.

Mais il y a des **limites** à la toute puisssance de la souveraineté nationale. Elle peut exiger tout ce qui sert à l'ordre public et à l'utilité commune; mais elle s'arrête devant les droits naturels de l'homme, qui sont contenus dans la déclaration des principes de 1789.

Elle ne peut rien sur la **liberté des consciences**; elle ne peut imposer ni défendre aucune croyance, aucune religion.

Elle ne peut pas empiéter[1] sur la **liberté individuelle**, si ce n'est dans les cas de crime ou de délit, ou de danger national[1]. Chacun est libre de disposer de lui-même comme il l'entend, sous la réserve des droits d'autrui.

La souveraineté nationale n'a pas de droits sur la **propriété** des individus, et s'il y a des circonstances qui rendent nécessaire d'en disposer pour l'utilité générale, ceux qui sont dépossédés doivent recevoir un équivalent[1].

La loi s'arrête devant le **domicile privé**[1]. La maison du citoyen est sacrée et inviolable ; nulle autorité ne peut intervenir dans la vie de la famille. Il faudrait qu'il y eût des crimes commis derrière cette porte pour que la police osât en franchir le seuil.

Comment la souveraineté nationale peut-elle s'exercer? Comment pouvons-nous faire usage de nos droits de souverains et de maîtres? Par le vote, par le **suffrage**[1] universel.

Tout Français majeur, c'est-à-dire âgé de vingt et un ans, est inscrit sur la liste électorale de sa mairie. Lorsque vient le jour du **vote**, il reçoit une carte qui porte son nom; il se présente au lieu où est installée l'urne du **scrutin**[1]. Là se trouvent autour d'une table les membres du **bureau** électoral, c'est-à-dire le maire ou un conseiller municipal, président du bureau, et quatre **assesseurs**[1] choisis parmi les plus jeunes et les plus âgés des membres présents le matin au moment de l'ouverture du vote.

Sur la table est une boîte qu'on appelle **urne**, percée d'un trou pour faire passer les bulletins et fermée au moyen d'une serrure qui a deux clefs, dont l'une est dans les mains du maire, l'autre dans les mains du scrutateur[1] le plus âgé.

Personne ne peut entrer dans la salle de vote s'il est **porteur d'armes** quelconques.

L'électeur se présente; il montre sa carte; on cherche son nom sur la liste électorale; lorsqu'on l'a trouvé, on y fait une marque, qu'on appelle **émargement**[1], pour indiquer qu'il est venu et pour empêcher qu'il ne vote deux fois. Il donne son bulletin plié au président qui le dépose dans l'urne sans regarder ce qui y est écrit.

Qu'y a-t-il écrit? Le nom de celui ou de ceux que l'électeur a choisis pour le représenter dans les conseils de la nation. Ceux-ci, pour être **éligibles**[1], doivent être électeurs, c'est-à-dire Français, et âgés de vingt-cinq ans au moins pour être députés, de quarante ans pour être sénateurs.

Le soir on **dépouille**[1] le scrutin, et ceux qui ont la majorité, c'est-à-dire le plus grand nombre de voix, sont élus. C'est ce qu'on appelle le suffrage **direct** et **universel**, puisque tous les électeurs sans exception peuvent y prendre part.

Il y a certaines élections qui se font par un suffrage **restreint**[1]; ce sont celles des sénateurs, celles des tribunaux de commerce, auxquelles certaines catégories de citoyens peuvent seuls prendre part. Les conseils municipaux déjà élus élisent à leur tour les délégués qui prendront part à la nomination des sénateurs; c'est ce qu'on nomme une élection à **plusieurs degrés**.

Tel est l'exercice de la souveraineté nationale. Tous les Français sont électeurs, tous les Français sont éligibles, sans condition de situation ou de fortune; tous ont, au moyen du vote, part au gouvernement du pays; tous, s'ils jouissent de la confiance de leurs concitoyens, peuvent parvenir aux plus hautes fonctions et aux rangs les plus élevés du pouvoir. C'est le peuple qui se gouverne lui-même au moyen des délégués qu'il choisit.

LEXIQUE.

Empiéter, marcher sur, usurper, prendre sans en avoir le droit.

Équivalent, un objet ou de l'argent ayant la même valeur.

Privé, le contraire de ce qui est public. La rue est publique, ma chambre est privée.

Suffrage, droit de voter, d'exprimer sa volonté, son opinion par un vote.

Scrutin, vote.

Assesseurs, ceux qui assistent le président, qui se tiennent à côté de lui.

Scrutateurs, ceux qui surveillent le vote, qui inscrivent les électeurs, qui dépouillent les suffrages.

Émargement, marque faite au crayon ou à la plume sur la marge du registre, à côté de chaque nom.

Éligible, qui peut être élu.

Dépouiller, compter les votes.

Restreint, auquel tous ne prennent pas part.

EXERCICES.

1. Expliquez ce qu'on appelle la souveraineté nationale. — Dites ce que veut dire souverain, souveraineté. — Dites ce que c'est qu'une nation.

2. Qui est maître en France aujourd'hui? — Qui est-ce qui l'était autrefois?

3. La souveraineté nationale a-t-elle des limites? — Dites les choses qu'elle ne peut pas faire, — les droits qu'elle doit respecter.

4. Qu'appelle-t-on liberté de conscience? — Liberté individuelle? — Droit de propriété? — Inviolabilité du domicile?

5. Y a-t-il jamais des exceptions qui permettent de violer la liberté de conscience? — Pouvez-vous citer des exceptions qui obligent quelquefois de supprimer momentanément les autres droits? (La prison, l'expropriation judiciaire).

6. Qu'est-ce que le suffrage universel? — Qui est électeur?

7. Décrivez un jour de vote. — Qu'est-ce que le bureau? — Qu'est-ce que l'urne? — Pourquoi cette serrure et ces deux clefs? — Pourquoi les armes sont-elles interdites dans la salle du vote? — Que signifie l'émargement? — Décrivez le dépouillement du scrutin.

8. Qui est éligible?

9. Qu'appelle-t-on suffrage restreint? — Suffrage à plusieurs degrés?

XLII

La Constitution.

La Constitution qui nous régit a été votée par l'Assemblée nationale siégeant à Versailles, le 25 février 1875. Elle établit que la République est le gouvernement de la France.

Le premier magistrat du pays se nomme le Président de la République. Il est élu pour sept ans, non pas directement par le pays, mais par les députés et les sénateurs qui se réunissent à cet effet. Lorsqu'ils sont ensemble pour procéder à cette élection, ils s'appellent l'Assemblée nationale.

Le Président de la République a le droit de proposer des lois aux Chambres, qui les examinent et qui peuvent les rejeter. C'est lui qui promulgue, c'est-à-dire qui fait publier dans le *Journal officiel* les lois que les Chambres ont votées; il en surveille et il en assure l'exécution.

Il a le droit de grâce, même pour les condamnés à mort. Il nomme, au moyen des ministres, à tous les emplois civils et militaires. Il dispose de la force armée, au moyen des généraux.

Il préside aux solennités nationales, telles que la distribution des drapeaux. C'est auprès de lui que les ambassadeurs des puissances étrangères sont accrédités[1].

C'est lui qui choisit les ministres.

Tous ces pouvoirs paraissent grands; mais en réalité le véritable pouvoir est dans les Chambres, c'est-à-dire dans les corps élus par le pays.

Il y a deux Chambres, le Sénat qui siège au Luxem-

Le palais Bourbon.

bourg, et la Chambre des députés, qui siège au palais Bourbon.

Les députés sont élus pour quatre ans, par le suffrage

universel direct. Tantôt on les nomme au scrutin de liste[1], c'est-à-dire tous les députés d'un même département à la fois, en les portant tous sur un seul bulletin ; tantôt au scrutin uninominal, c'est-à-dire en mettant un seul nom sur le bulletin, chaque arrondissement choisissant séparément son député. C'est ce qui se fait aujourd'hui. Il y a actuellement cinq cent cinquante et quelques députés, tant pour la France que pour l'Algérie et les colonies. Tous les quatre ans la Chambre est renouvelée intégralement[1].

Il y a trois cents sénateurs, nommés pour neuf ans, à l'exception de soixante-quinze qui sont élus à vie par leurs collègues et qu'on appelle inamovibles[1]. Les deux cent vingt-cinq autres sont renouvelés par tiers tous les trois ans. Les départements sont divisés en trois séries ; tous les trois ans tour à tour, au mois de janvier, une série est appelée à nommer soixante-quinze sénateurs nouveaux en remplacement de ceux qui sortent, et qui peuvent du reste être réélus. On profite de ce moment pour combler les lacunes qui ont pu se produire par décès ou par démissions pendant l'intervalle des trois années.

Les sénateurs sont élus par un corps spécial d'électeurs composé des députés du département, des conseillers généraux, des conseillers d'arrondissement et de délégués de chaque commune nommés par le conseil municipal. Ces électeurs sénatoriaux se réunissent un dimanche au chef-lieu du département dans une salle fixée à cet effet et nomment les sénateurs au scrutin de liste, c'est-à-dire en inscrivant sur un seul bulletin les noms des candidats pour tout le département.

Le Sénat et la Chambre ont à peu près les mêmes attributions[1]. Il faut qu'une loi, pour être valable, ait été adoptée par les deux assemblées, l'une après l'autre, quelle que soit celle qui aura commencé. D'habitude les lois sont proposées soit par le gouvernement, soit par un député; mais elles pourraient l'être aussi par un sénateur. Si l'une des deux Chambres repousse une proposition, c'est comme si l'autre n'avait rien fait. Il en est de même pour les déclarations de guerre, les traités de paix, les traités de commerce, le vote du budget, c'est-à-dire la fixation des impôts et des dépenses.

Il y a cependant aussi certaines différences. Les lois relatives aux finances doivent être présentées d'abord à la Chambre et votées par elle, car elle se compose des représentants directs du peuple, et c'est à eux qu'est surtout confié le soin de veiller sur les cordons de la bourse. C'est également de la Chambre des députés que dépend le sort des ministères; car c'est elle seule qui peut les renverser. Ce n'est pas écrit dans la Constitution, mais c'est passé dans l'usage.

Si un grave conflit[1] venait à naître entre les deux Chambres, le Président aurait le droit, avec l'autorisation du Sénat, de dissoudre[1] la Chambre des députés et de faire appel au suffrage universel. Celui-ci, en procédant à de nouvelles élections, indiquerait quelle est sa volonté et laquelle des deux Chambres avait raison.

La Constitution a prévu qu'il pourrait arriver que le Président de la République ou les ministres commissent des crimes dans l'exercice de leurs fonctions. Dans ce cas, ce serait la Chambre des députés qui les mettrait en accusation et le Sénat qui les jugerait. L'une ferait l'office d'accusateur public et l'autre de tribunal.

LEXIQUE.

Accrédités, envoyés, recommandés.
Scrutin de liste, bulletin qui contient une liste.
Intégralement, complètement.
Inamovible, qui est élu pour toujours, qu'on ne peut pas déplacer.
Attributions, droits, pouvoirs.
Conflit, lutte, désaccord.
Dissoudre, renvoyer; déclarer que de nouvelles élections sont nécessaires.

EXERCICES.

1. Quel est le premier magistrat du pays ? — Dites les noms de ceux qui ont été présidents de la République depuis la chute de l'Empire. — Sont-ils héréditaires ?
2. Pour combien de temps le président est-il élu ? — Par qui l'est-il ? — Quels sont ses pouvoirs ?
3. Combien y a-t-il de Chambres ? — Parlez de la Chambre des députés ; — dites comment et pour combien de temps elle est nommée ; — de combien de membres elle se compose.
4. Dites la différence entre le scrutin de liste et le scrutin uninominal.
5. Parlez du Sénat. — Combien a-t-il de membres ? — Pour combien de temps sont-ils élus ? — Qu'appelle-t-on les sénateurs inamovibles ? — Expliquez le renouvellement partiel.
6. Comment se compose le corps électoral spécial pour la nomination des sénateurs ?
7. Quelles sont les attributions communes aux deux Chambres ?
8. Quelles sont les attributions spéciales à la Chambre des députés ? — Spéciales au Sénat ?

XLIII

La loi et les tribunaux.

La loi, c'est l'expression de la volonté de la majorité des citoyens. Voici comment se font les lois.

Lorsqu'une proposition de loi est déposée, soit par des membres du Parlement, soit par le Gouvernement, elle est d'abord examinée avec soin par une Commission[1] de l'une des deux Chambres, puis on la discute à deux reprises différentes et enfin on la vote. On recommence ensuite de la même façon dans l'autre Chambre. Une loi n'est promulguée et ne peut entrer en vigueur qu'après avoir passé par ces diverses épreuves, destinées à préserver les législateurs de légèreté et de précipitation.

L'ensemble des lois qui régissent le pays est renfermé dans plusieurs recueils qu'on appelle les **Codes**. Les principaux sont le Code civil, qui traite des droits des personnes et de leurs biens, de la propriété, de l'héritage, etc. ; le Code de procédure[1] civile, qui traite de la manière dont la justice doit être rendue et des formalités à suivre en cas de procès ; le Code de commerce, qui s'occupe de toutes les affaires commerciales ; le Code d'instruction criminelle[1] et le Code pénal, qui traitent des délits et des crimes et de la manière dont les coupables doivent être poursuivis et punis.

Il y a de nombreux **tribunaux** chargés de rendre la justice, de décider dans les querelles entre les gens et d'appliquer les lois à tous les cas qui peuvent se présenter.

Au rang inférieur se trouve le **juge de paix**, placé au chef-lieu de chaque canton. Il est chargé de la justice la plus expéditive[1] et la moins coûteuse. Il réprime les contraventions[2] qui peuvent emporter une peine de 1 à 15 francs d'amende, de un à cinq jours de prison ; il décide dans les petits procès ne dépassant pas 100 francs.

Après lui vient le **Tribunal civil** ou de **police correctionnelle**[1], qui siège au chef-lieu d'arrondissement, et qui est composé de plusieurs juges, dont un président. Il réprime les délits tels que vols, abus de confiance, injures, etc., qui peuvent être punis de six jours à dix ans de prison et d'une amende de 15 francs jusqu'à 2,000 francs. Il juge aussi dans les querelles importantes entre les citoyens. Il faut trois juges pour que le jugement soit valable.

Un procureur de la République, assisté d'un ou de plusieurs substituts[1], se tient auprès de chaque tribunal pour représenter le Gouvernement et requérir[1], au nom de la société, l'application de la loi.

Dans les villes importantes se trouve aussi le **Tribunal de commerce,** formé de négociants nommés pour deux ans par leurs pairs[1], et qui ne s'occupe que des difficultés survenues entre commerçants.

Lorsque les plaideurs ne sont pas contents de l'arrêt du tribunal ou que le procureur de la République pense que le jugement a été mal rendu, on fait appel à un tribunal supérieur qui, pour ce motif, se nomme la **Cour d'appel**. Il y a en France vingt-sept de ces Cours. Les juges qui les composent se nomment des Conseillers. Auprès de chacune des Cours d'appel se tient, pour représenter le Gouvernement et pour diriger les procureurs de la République du ressort[1], un **procureur général**, avec des aides qu'on appelle avocats généraux.

Il y a, en outre, la **Cour d'assises**. Elle se tient au chef-lieu de chaque département, et a pour mission de juger les crimes, c'est-à-dire les attentats à la vie, à la sécurité, à la propriété, la fausse monnaie, les fausses signatures, l'incendie, le vol avec violence, l'assassinat. Ces crimes sont punis, selon leur gravité, par la réclusion[1], les travaux forcés ou même la mort.

La Cour d'assises, qui siège une fois par trimestre, se compose de trois juges, qui sont aussi des conseillers de la Cour d'appel, et de douze **jurés**, c'est-à-dire de douze citoyens tirés au sort pour chaque session. Dans chaque affaire, après que les témoins, les accusés et leurs avocats ont été entendus, les jurés doivent répondre s'ils jugent en leur âme et conscience que l'accusé est coupable, *oui* ou *non*. Si le **jury** l'a déclaré coupable, les juges décident ensuite quelle peine doit être appliquée.

La Cour d'assises juge aussi les procès de presse, c'est-à-dire les poursuites contre les écrivains, non pas parce que ces procès rentrent dans la catégorie des crimes, mais uniquement parce que les jurés représentent le public et sont les plus capables d'apprécier si un écrit est condamnable ou non.

Au-dessus de tous ces tribunaux, se trouve le tribunal suprême, la **Cour de cassation**, ainsi appelée parce qu'elle peut casser tous les jugements qui ont été mal rendus, c'est-à-dire dans lesquels on n'a pas suivi exactement les prescriptions de la loi.

LEXIQUE.

Commission. On appelle ainsi un certain nombre de membres du Parlement élus par leurs collègues pour étudier les projets de loi et les présenter sous la meilleure forme possible.

Procédure, manière de procéder, manière de s'y prendre pour conduire les procès.

Instruction criminelle, ensemble des formalités à suivre, des moyens à employer pour éclairer la justice dans les procès relatifs aux crimes et délits.

Expéditive, rapide.

Contravention, infraction légère aux lois et règlements.

Correctionnelle, qui inflige une correction.

Substitut, celui qui remplace, aide, adjoint.

Requérir, demander, réclamer.

Pairs, égaux, qui sont du même rang, dans la même position.

Ressort, district, territoire, départements sur lesquels s'étendent la juridiction de la Cour d'appel et le pouvoir du procureur général.

Réclusion, emprisonnement dans une maison de force, ou prison centrale. Il y a vingt-quatre maisons centrales en France.

EXERCICES.

1. Qu'est-ce que c'est que la loi ?

2. Comment se font les lois ? — Par combien d'épreuves passent-elles ? — Dites pour quel motif on a imaginé ces délais et ces discussions réitérées.

3. Qu'appelle-t-on les Codes ? — Dites le nom des Codes principaux, et les matières dont ils traitent.

4. Qu'est-ce que les tribunaux ? — Désignez les divers tribunaux.

5. Parlez de la justice de paix. — Dites combien il y a de juges à ce tribunal et quelles affaires il juge.

6. Parlez du tribunal civil. — Où siège-t-il ? — De quelles affaires s'occupe-t-il ? — Combien faut-il de juges pour que le jugement soit valable ?

7. Qu'est-ce que le procureur de la République ? — Le substitut ?

8. Dites ce que vous savez du tribunal de commerce.

9. A quoi servent les cours d'appel ? — Dites ce que vous savez de leur nombre, — des juges qui les composent, — du procureur général, — des avocats généraux.

10. Parlez de la Cour d'assises. — Où siège-t-elle ? — De quoi s'occupe-t-elle ? — Comment est-elle composée ? — Pourquoi les jurés sont-ils adjoints aux magistrats ? — Pourquoi les procès de presse sont-ils déférés au jury ?

11. Qu'est-ce que la Cour de cassation ?

XLIV

Les ministres. — Les fonctionnaires.

Pour diriger les immenses administrations chargées de l'ordre et de la régularité des affaires publiques, il faut des chefs de service. Ce sont les **ministres**. Le Président de la République les choisit ordinairement parmi les membres des deux Chambres, et c'est devant le Parlement qu'ils ont à répondre de leurs actes.

Le nombre des ministres peut varier. Il y en a habituellement une dizaine. Réunis, ils forment, sous la présidence de l'un d'eux, le **Conseil** des ministres ou le **Cabinet**. On les nomme aussi le **Gouvernement**. Ils restent au pouvoir aussi longtemps que la majorité de la Chambre des députés leur témoigne sa confiance par ses votes. Lorsqu'une majorité se forme contre eux, ils donnent leur démission, et le Président de la République charge un membre de cette majorité de former un nouveau cabinet et d'en prendre la présidence. De cette manière, le Gouvernement dépend toujours des représentants élus du pays. Voici les titres et les attributions des principaux ministères.

Le ministre des **Affaires étrangères** est chargé des relations de la France avec les autres pays ; il reçoit leurs ambassadeurs; il est renseigné par ses propres agents sur ce qui se passe au dehors, sur les dispositions des souverains et des peuples ; il négocie avec les cabinets étrangers ; il protège au dehors nos nationaux. Les agents diplomatiques[1] qu'il envoie chez les autres nations s'appellent **ambassadeurs**, ministres plénipotentiaires[1], chargés d'affaires ou simplement **consuls**[1], selon l'importance du poste qui leur est confié.

Le ministre de l'**Intérieur**, comme son nom l'indique, est chargé de l'administration intérieure du pays;

il est le chef des **préfets** et des **sous-préfets**; il est responsable de l'ordre et de la tranquillité; il a dans ses mains la police; il assure l'exécution des lois, la régularité des élections, le soin des malades dans les hôpitaux; il a la direction et la surveillance des prisons.

Le ministre des **Finances** est chargé du **Trésor public.** Il s'occupe de recueillir l'argent qui provient des impôts, d'en surveiller la rentrée exacte et de faire payer régulièrement toutes les dépenses nationales. Il prépare et présente chaque année au Parlement la liste des ressources et des dépenses; c'est ce qu'on appelle le **budget.**

Le ministre de l'**Instruction publique** est à la tête de tous les établissements d'enseignement entretenus par l'État; il est le *Grand-maître de l'Université.* C'est lui qui nomme tous les professeurs, qui délègue[1] des inspecteurs de tout grade pour surveiller l'enseignement à tous les degrés, aussi bien dans les institutions publiques que dans les institutions privées.

Le ministre de la **Justice** (qu'on nomme aussi le *Garde des Sceaux*[1]) est le chef suprême de tous les tribunaux; c'est lui qui nomme tous les **juges,** excepté les juges des tribunaux de commerce; c'est lui qui nomme aussi et qui peut révoquer les procureurs et leurs substituts, qui représentent le Gouvernement devant les tribunaux et qu'on appelle le **ministère public** ou le *parquet*[1]. On donne aussi à ces magistrats le nom de magistrature *debout*[1], tandis qu'on appelle les juges la magistrature *assise.*

Le ministre de la **Guerre** est le chef de l'armée, comme le ministre de la **Marine** est le chef de la flotte. Ils nomment à tous les grades militaires, donnent tous les ordres de marche et d'expédition et les plans de campagne en temps de guerre.

Le ministre des **Travaux publics** ordonne ou surveille les grands travaux nécessaires à l'utilité générale et qui ont lieu sur le domaine de l'État, les routes, les ports, les digues, les canaux, les usines, les voies ferrées. Il a sous ses ordres les **ingénieurs**, soit des ponts et chaussées, soit des mines, les conducteurs, les cantonniers, etc.

Il y a encore d'autres grands services qui, selon les circonstances, forment des ministères séparés ou sont rattachés à d'autres ministères déjà existants. Ce sont les **Postes et Télégraphes**; les **Colonies**; les **Cultes**; les **Beaux-Arts**, qui s'occupent des musées, des monuments et des théâtres; le **Commerce** et l'**Agriculture**.

Tous les employés de ces services sont des **fonctionnaires** de l'État, sont payés par lui et doivent leur temps et leur zèle au bien public. Quand ils ont servi fidèlement un nombre d'années déterminé, ils ont droit à une modeste retraite dans leur vieillesse.

LEXIQUE.

Diplomatiques, qui s'occupent de diplomatie, c'est-à-dire des rapports entre leur nation et les nations étrangères. On appelle diplomate celui qui sert d'intermédiaire entre son gouvernement et les gouvernements des autres pays.

Plénipotentiaire, qui est revêtu des pleins pouvoirs de son gouvernement pour négocier avec les autres.

Consuls. Il y avait autrefois à Rome deux Consuls, qui étaient les premiers magistrats et comme les présidents de la République romaine. Aujourd'hui nos consuls sont les agents du gouvernement français dans les villes maritimes étrangères pour y protéger les intérêts commerciaux de nos compatriotes.

Délègue, envoie en son nom, à sa place.

Sceaux, cachets. Autrefois, les actes écrits du pouvoir royal étaient marqués d'un cachet de cire, et le haut fonctionnaire chargé de garder les cachets du roi s'appelait le garde des sceaux. Ce titre est resté attaché à la fonction du ministre de la justice, quoiqu'il n'y ait plus aujourd'hui besoin de ces cachets pour établir l'authenticité des actes publics.

Parquet. C'est le compartiment de la salle du tribunal qui est devant les juges, et qui est séparé du public par une barre. Voilà pourquoi on dit qu'un accusé a comparu à la barre d'un tribunal. Le ministère public, (procureur et substitut) se tient *debout* dans ce parquet lorsqu'il parle, tandis que les juges restent *assis*, même pour rendre leurs jugements.

EXERCICES.

1. A quoi servent les ministres ? — Qui les choisit ? — Qu'appelle-t-on le cabinet ? — Qu'appelle-t-on le gouvernement ?
2. Jusqu'à quand les ministres restent-ils au pouvoir ? — Pourquoi se retirent-ils lorsqu'il y a au Parlement une majorité contre eux ?
3. Dites les noms et les attributions des différents ministères. — Dites ce que vous savez des principaux fonctionnaires de ces ministères, de leurs titres et de leurs fonctions.
4. Pourquoi est-il bien d'assurer aux fonctionnaires de l'État une retraite dans leur vieillesse ? — Pourquoi l'Etat ne le fait-il pas pour les commerçants et les industriels ? — Quel moyen ceux qui ne sont pas employés par l'Etat ont-ils de s'assurer eux aussi une retraite dans leur vieillesse ?

XLV

La séparation des pouvoirs.

Quand on regarde bien l'organisation politique de notre pays, on reconnaît qu'elle se compose de trois pouvoirs qui tiennent de près l'un à l'autre, mais qu'il ne faut pas confondre.

Au premier rang se trouve le **pouvoir législatif**, composé des deux Chambres, dont l'une est élue directement par le peuple, et l'autre indirectement. C'est du peuple, qui est le vrai souverain, qu'elles tiennent leur autorité ; c'est lui qui leur a délégué[1] ses pouvoirs pour un certain temps.

Les deux Chambres font les **lois**, qui sont obligatoires pour tous, petits et grands. Si le peuple choisit bien ses mandataires[1], s'il nomme des citoyens éclairés, dévoués à la République, amis de la justice et du progrès, il aura de bonnes lois et un bon gouvernement. Le pouvoir législatif dépend donc exclusivement des électeurs.

Le second pouvoir est le **pouvoir exécutif**, ainsi nommé parce qu'il a pour tâche d'exécuter les volontés des Chambres et de faire respecter les lois qu'elles ont votées. Le pouvoir exécutif se compose du Président de la République et des ministres qui dirigent les grands services publics.

Ils n'ont pas le droit de faire des lois, mais ils prennent des mesures et donnent des ordres qui ont pour but d'en faciliter et d'en assurer l'exécution. Lorsque ces mesures s'adressent à tout le monde, sont d'un intérêt général, elles sont signées par le Président de la République et un des ministres, au nom du cabinet tout entier, et on les nomme **décrets**. Lorsqu'elles n'ont trait qu'aux affaires d'un seul ministère, c'est le ministre seul qui les édicte[1], et elles prennent le nom d'**arrêtés**.

Comme c'est le Parlement qui nomme le Président de la République et qui accorde ou refuse aux ministres l'argent dont ils ont besoin pour faire marcher leurs services, il est facile de voir que le pouvoir exécutif dépend absolument du pouvoir législatif.

Le troisième pouvoir est le **pouvoir judiciaire**. Celui-là se compose des juges et tribunaux de tous les degrés, Cour de cassation, Cours d'assises, Cours d'appel, Tribunaux civils et correctionnels, juges de paix. Ils ont pour tâche d'interpréter et d'éclairer les difficultés qui peuvent se trouver dans les lois, d'appliquer ces lois à tout le monde et d'en faire la règle des rapports entre les citoyens. Ce pouvoir rend des **arrêts** et des **jugements** qui sont obligatoires pour tout le monde.

Outre ces tribunaux, dont nous avons déjà parlé, il faut mentionner aussi les tribunaux administratifs. D'abord les Conseils de préfecture, siégeant dans chaque département à côté du préfet pour juger certaines difficultés ou réclamations que soulèvent les citoyens à propos de leurs rapports avec l'administration. Puis le Conseil d'État, qui siège à Paris et qui juge dans les conflits entre les citoyens et l'État ou lorsqu'on fait appel auprès de lui des jugements rendus par les Conseils de préfecture.

Tous ces juges sont nommés par le Gouvernement. On voit, par conséquent, qu'ils dépendent du pouvoir exécutif; mais ils ne reçoivent pas ses ordres; il n'ont à regarder que le texte des lois; c'est là leur guide et leur véritable maître.

Ces trois pouvoirs étaient autrefois mêlés et confondus; c'était un grand malheur. Lorsque le pouvoir exécutif a le droit de faire aussi les lois et de les interpréter, c'est le règne du bon plaisir et du despotisme. Il faut, dans l'intérêt de la liberté, que ces trois pouvoirs soient séparés et reposent dans des mains différentes; il faut aussi qu'ils dépendent tous les trois du peuple souverain qui exprime sa volonté par le suffrage universel.

LEXIQUE.

Déléguer, prêter, transmettre.

Mandataire, qui a reçu un mandat, qui a accepté la charge de faire telle ou telle chose à la place d'un autre.

Édicter, dicter, commander.

EXERCICES.

1. Quels sont les trois grands pouvoirs du pays? — Parlez du pouvoir législatif. — De quoi se compose-t-il? — D'où vient-il? — De qui dépend-il?

2. Quelle est sa tâche?

3. Parlez du pouvoir exécutif. — Expliquez comment il est formé. — Quels sont ses droits et ses devoirs? — De qui dépend-il? — Qu'appelle-t-on décrets, arrêtés?

4. Parlez du pouvoir judiciaire. — Dites de quoi il se compose. — Quelle est sa tâche? — De qui dépend-il? — Quel est son véritable maître?

5. Dites pourquoi il est avantageux que ces trois pouvoirs soient séparés, et quels dangers il y aurait à les réunir.

XVLI

La force publique.

Il faut, pour assurer la tranquillité et le respect des lois au dedans, et pour préserver notre pays de toute invasion du dehors, que la France entretienne une force publique, une force armée qui soit capable de briser toutes les résistances, de repousser toutes les attaques.

Chaque commune entretient, pour la police locale, des sergents de ville ou **agents de police** dans les villes, et des **gardes champêtres** dans les campagnes.

Les **gendarmes**, payés par l'État, sont chargés de poursuivre les criminels, de dissiper les rassemblements séditieux [1], de sauvegarder la sécurité des routes, etc. Ils sont divisés en vingt-sept légions pour la France et l'Algérie, commandées par autant de colonels ou de lieutenants-colonels; les gendarmes de chaque département forment une compagnie commandée par un chef d'escadron ou un capitaine; plusieurs compagnies constituent une légion. Chaque compagnie à son tour est partagée en autant de lieutenances qu'il y a d'arrondissements, et celles-ci sont divisées en brigades de quelques hommes, en partie à pied, en partie à cheval, commandées par des maréchaux des logis ou des brigadiers, et distribuées dans les cantons.

Les gendarmes sont d'anciens sous-officiers, recrutés [1] parmi les plus honorables et les plus courageux. La plupart sont mariés et vivent dans la caserne avec leur famille. Ils jouissent à bon droit de l'estime et de la confiance des populations qui voient en eux les défenseurs du bon ordre et les sentinelles de la loi.

L'**armée** se compose de tous les citoyens valides depuis vingt ans jusqu'à quarante. Les individus condamnés pour crimes ou pour délits à des peines infamantes [1], ne sont pas admis à l'honneur de servir la patrie dans les rangs de l'armée.

Il ne faut pas croire que les citoyens restent vingt ans sous les armes. En temps de paix, ils ne sont astreints au service militaire que quelques années. En temps de guerre, ils peuvent être tous appelés jusqu'à la quarantième année à prendre leur part dans la défense de la patrie.

L'armée est divisée en quatre catégories, selon les âges. Il y a l'armée active, la réserve, l'armée territoriale et la réserve de l'armée territoriale.

Le service dans l'armée active dure de vingt à vingt-cinq ans; dans la réserve de vingt-cinq à vingt-neuf ans; dans l'armée territoriale de vingt-neuf à trente-quatre ans; dans la réserve de l'armée territoriale de trente-quatre à quarante ans. Mais ce service est de moins en moins lourd à mesure qu'on avance en âge. Le fils aîné de veuve, de père aveugle, le frère aîné d'orphelins, et quelques autres, considérés comme soutiens de famille, sont exempts du service militaire en temps de paix.

Les jeunes gens de vingt ans sont réunis chaque année au chef-lieu de canton pour former ce qu'on appelle le **contingent** de l'armée, c'est-à-dire pour fournir le nombre de soldats dont l'État a besoin. Comme il aurait plus de soldats qu'il n'en peut entretenir, si tous les jeunes gens restaient cinq ans sous les drapeaux, on divise chaque année le contingent en deux portions. La première portion fait cinq ans de service, et la seconde ne fait qu'un an. Comme il ne serait pas possible de faire un choix équitable entre les jeunes gens, c'est le sort qui s'en charge, et personne n'a le droit de se plaindre. On met dans une urne autant de numéros qu'il y a de jeunes gens inscrits. Ceux qui tirent les premiers numéros doivent le service de cinq ans. Le nombre en est fixé chaque année par le ministre de la guerre. Du reste, il arrive la plupart du temps que même ceux-là, grâce à des congés qu'on leur accorde, ne restent pas plus de quatre ans au régiment. Les Chambres préparent une loi pour réduire le service actif à trois ans.

Les soldats de la réserve sont astreints à prendre part à deux manœuvres de vingt-huit jours, soit une tous les deux ans, et ceux de l'armée territoriale sont soumis également à deux appels de même genre, d'une durée de treize jours seulement.

C'est le service en temps de paix. En temps de guerre, l'armée active et la réserve courent aux champs de bataille; l'armée territoriale et sa réserve sont chargées du service des places fortes et de la tranquillité intérieure.

L'armée se compose de dix-huit corps qui comprennent des régiments d'infanterie[1], de cavalerie[1], d'artillerie[1], des bataillons du génie[1] et du train des équipages[1].

Les chefs sont divisés en trois classes : les sous-officiers, les officiers et les officiers supérieurs. En commençant par en bas, il y a les caporaux, sergents et sergents-majors dans l'infanterie, brigadiers, maréchaux des logis et maréchaux des logis chefs dans la cavalerie; puis les sous-lieutenants, lieutenants, capitaines, chefs d'escadrons, lieutenants-colonels, colonels, généraux de brigade et généraux de division.

A côté de l'armée de terre nous avons aussi l'armée de mer, composée d'abord des équipages de la flotte, c'est-à-dire des véritables marins employés à la manœuvre des vaisseaux, puis de l'infanterie et de l'artillerie de marine. Les chefs supérieurs portent dans la marine le nom d'amiraux et de vice-amiraux.

LEXIQUE.

Séditieux, révolté, rebelle.

Recrutés, pris, choisis.

Infamantes, déshonorantes. Les peines infamantes sont la déportation, les travaux forcés, la détention, la réclusion, la dégradation civique.

Infanterie, soldats à pied. On les appelle aussi infanterie de ligne.

Cavalerie, soldats à cheval. On la divise en cavalerie de réserve : cuirassiers; cavalerie de ligne : dragons; cavalerie légère : chasseurs et hussards.

Artillerie, soldats chargés des bouches à feu, canons, obusiers, etc.

Génie, troupes chargées des constructions militaires, casernes, remparts, etc.

Train des équipages, troupes chargées d'effectuer les transports de tous les objets nécessaires à une armée.

EXERCICES.

1. Qu'appelle-t-on la force publique? — Pourquoi est-elle nécessaire?
2. Qu'appelle-t-on la police? — Comment les communes pourvoient-elles à la police locale?
3. Dites ce que vous savez sur la gendarmerie. — Comment est-elle divisée? — Comment est-elle recrutée?
4. Quelle ressemblance y a-t-il entre l'armée et la gendarmerie? — Quelle différence?
5. De quoi se compose l'armée? — Pourquoi les individus condamnés à des peines infamantes en sont-ils exclus?
6. Parlez des quatre catégories de l'armée. — Pourquoi l'a-t-on divisée ainsi? — Pourquoi ne demande-t-on pas le même service à ces catégories différentes?
7. Qu'appelle-t-on les deux portions de contingent? — Pourquoi tire-t-on au sort?
8. Quel est le service de la réserve et de l'armée territoriale en temps de paix? — En temps de guerre?
9. Dites ce que vous savez sur les corps de l'armée, — sur les grades.
10. Qu'est-ce que l'armée de mer?

XLVII

L'instruction publique.

L'État n'a pas de fonction plus importante que celle d'assurer l'instruction de la jeunesse. Un pays dont les habitants sont ignorants est un pays en retard, inférieur à ses voisins, facilement vaincu, pauvre, incapable de développer ses propres ressources. Un enfant sans instruction devient un citoyen inutile et quelquefois un homme dangereux. Aussi le premier **devoir** des parents est-il de donner à leurs enfants non seulement la nourriture et les vêtements, mais aussi l'instruction nécessaire.

Une loi toute récente **oblige** tous les pères de famille à envoyer leurs enfants à l'école ou à les faire instruire chez eux depuis l'âge de six ans jusqu'à treize ans au moins. On ne peut pas se figurer un père refusant de donner à ses enfants le pain du corps ou celui de l'esprit. Il y en a pourtant qui s'y refusent, soit parce qu'étant ignorants eux-mêmes, ils ne comprennent pas le prix du savoir, soit parce qu'ils n'ont pas de cœur et qu'ils aiment mieux tirer profit du travail de leurs enfants que de les envoyer à l'école.

Pour que personne ne puisse être empêché, faute d'argent, de faire instruire ses enfants, l'État a pris la charge de l'instruction primaire, et toutes les écoles publiques sont **gratuites**. Ce n'est pas une aumône qui est faite aux pauvres; c'est un appui qu'on se donne mutuellement. Tout le monde paye ainsi les uns pour

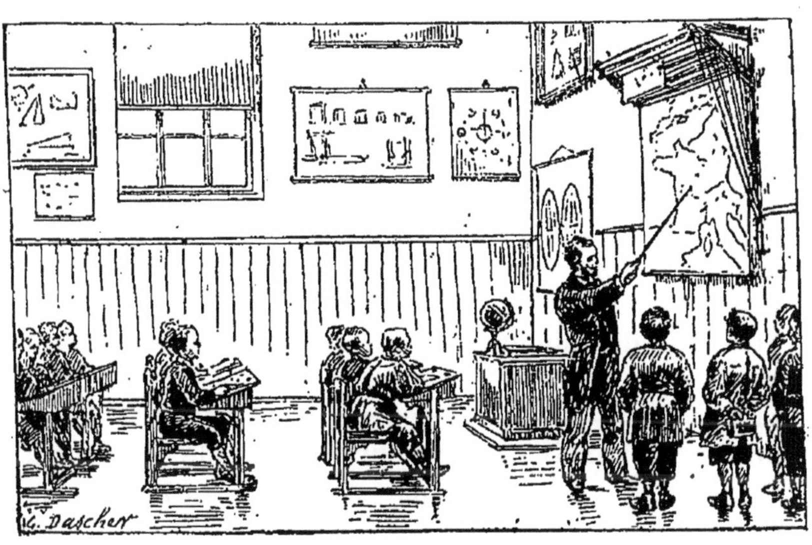

Une salle d'école.

les autres, puisque l'argent nécessaire provient de l'impôt qui est fourni par tous les habitants du pays, chacun selon ses moyens.

Les écoles publiques ne sont pas seulement gratuites, elles sont aussi **laïques**[1]. Pourquoi cela? Pour qu'elles puissent recevoir ensemble les enfants appartenant à toutes les religions, sans que leurs parents aient à craindre que le maître ne détourne ses élèves de leurs croyances de famille. Les écoles laïques enseignent ce que tous les enfants sans exception doivent savoir, ce qui est commun à tous les hommes, quelle que soit leur religion.

Tout en bas de l'échelle, il y a les écoles pour les tout petits enfants, ce sont les **écoles maternelles**. Au-dessus de six ans, ils entrent dans l'**école primaire**, où ils apprennent la lecture, l'écriture, l'orthographe, l'arithmétique, un peu de géométrie, quelques éléments des sciences physiques et naturelles, l'histoire de France, la géographie, le dessin, quelques notions de droit et d'économie politique, la morale, l'instruction civique, la gymnastique, avec quelques exercices militaires.

Tout cela, c'est ce qu'il est honteux d'ignorer quand on a eu les occasions de s'instruire, c'est ce qui est indispensable pour comprendre le monde au milieu duquel on vit et pour n'y pas faire trop sotte figure.

Ceux qui sont bien disposés ou qui peuvent consacrer un peu plus de temps à l'étude avant d'entrer en apprentissage passent dans l'**école primaire supérieure**, où ces premières connaissances sont poussées un peu plus loin, de manière à ne pas être oubliées plus tard.

Les bons écoliers ne consentent pas à sortir de classe sans avoir obtenu, dans un examen, le **certificat d'études primaires**. Ceux qui veulent devenir instituteurs entrent pour la plupart dans une **école normale** et passent un examen à la suite duquel ils reçoivent un **brevet**[1] de capacité.

Toutes les écoles sont surveillées par les **inspecteurs primaires**, et ceux-ci, à leur tour, ont au-dessus d'eux un **inspecteur** par département pour diriger leurs travaux et leur transmettre les instructions[1] du ministre. Telle est l'organisation de l'**enseignement primaire**.

On appelle **enseignement secondaire** l'instruction qui est donnée aux jeunes gens jusqu'à l'âge de dix-huit à vingt ans dans les lycées et collèges et qui a pour terme l'examen du **baccalauréat** ou l'entrée dans les écoles spéciales du gouvernement, telles que l'École polytechnique, l'École militaire de Saint-Cyr, l'École forestière, l'École normale supérieure, etc.

L'enseignement supérieur se donne dans les Facultés de droit, de médecine, de sciences, de lettres, et forme des **licenciés**, des **docteurs**[1], des professeurs, des avocats, des juges, des médecins, des savants. L'enseignement supérieur est la plus haute source de l'instruction, celle sans laquelle un pays dégénérerait promptement.

A la tête de ces trois ordres d'enseignement, qu'on appelle l'**Université**, se trouve le ministre de l'instruction publique, assisté d'un **Conseil supérieur** qu'il consulte dans les questions difficiles et qui est comme le tribunal suprême de l'Université.

Au-dessous de lui se trouvent les **inspecteurs généraux** et les recteurs. La France est partagée en seize **Académies**, dont chacune comprend plusieurs départements ; il y a un **recteur** à la tête de chacune de ces Académies ; c'est lui qui représente le ministre dans toutes les questions relatives à l'instruction publique.

Chaque Faculté est présidée par un des professeurs, qui porte le nom de **doyen**.

On appelle **proviseurs** les chefs des lycées et **principaux**, les chefs des collèges communaux.

LEXIQUE.

Laïque, c'est l'opposé du mot ecclésiastique. Laïque veut dire qui est du peuple, qui appartient au peuple. On dit les *écoles laïques*, dirigées par des instituteurs et des institutrices appartenant à la vie civile, par opposition aux *écoles congréganistes*, dirigées par des frères ou des sœurs appartenant à des congrégations religieuses.

Brevet, diplôme, titre, papier qui constate la capacité de celui qui a bien passé l'examen.

Instructions, indications, ordres.

Docteurs. Il y a trois grades universitaires : bachelier, licencié, docteur. On réserve habituellement ce dernier titre aux docteurs en médecine ; mais il y a aussi des docteurs en droit, ès sciences, ès lettres, etc. (*ès* signifie en). Il faut être bachelier pour devenir licencié, et licencié avant d'être docteur.

EXERCICES.

1. Pourquoi l'instruction de la jeunesse est-elle la plus importante fonction de l'État ?

2. Quels sont les inconvénients de l'ignorance pour un pays ? — Pour un individu ?

3. Expliquez ce qu'on entend par l'instruction primaire obligatoire. — Gratuite. — Laïque.

4. Que faut-il penser d'un père qui ne voudrait pas faire instruire son enfant ? — La pauvreté est-elle une excuse ? — Dites pourquoi la République a établi la gratuité des écoles.

5. Pourquoi est-il nécessaire que les écoles publiques soient laïques ?

6. Enumérez les divers degrés de l'enseignement primaire. — Suivez le petit enfant depuis son entrée à l'école à l'âge de trois ans jusqu'à ce qu'il soit lui-même devenu instituteur.

7. Qu'appelle-t-on enseignement secondaire ? — Où se donne-t-il ? — A quoi sert-il ?

8. Où se donne l'enseignement supérieur ? — A quoi sert-il ?

9. Qu'appelle-t-on l'Université ? — Dites ce que sont les recteurs, — les doyens, — les proviseurs, — les principaux.

XLVIII

L'impôt et le budget.

L'impôt, ce sont les sommes que tous les habitants d'un pays sont appelés à payer pour contribuer aux dépenses publiques. Comme le mot lui-même l'indique, l'impôt n'est pas facultatif[1], il est **obligatoire**, et il l'est pour tout le monde. Autrefois les nobles et les prêtres ne payaient pas d'impôt. Aujourd'hui il n'y a plus d'exception.

Il y a deux sortes d'impôts : les impôts directs et les impôts indirects. Les **impôts directs** sont ceux qui sont payés directement, de la main à la main, par le contribuable aux agents du Trésor public. On compte quatre impôts directs. Ce sont : l'**impôt foncier**[1], dû par les agriculteurs sur les revenus de leurs champs ; la **cote**[1] **personnelle et mobilière,** qui est minime ; la contribution des **portes et fenêtres** que payent les locataires proportionnellement à l'importance du logement qu'ils occupent ; et enfin les **patentes,** dues par tous ceux qui exercent une industrie ou un commerce.

Il faut ranger parmi les impôts directs les taxes spéciales qui sont payées sur les chevaux et voitures, sur les billards, sur la vérification des poids et mesures[1], etc.

Les **impôts indirects** sont payés par le public au Trésor, mais en passant par plusieurs intermédiaires et souvent sans qu'on se doute de l'importance des sommes qu'on a ainsi payées au bout de l'année.

L'État perçoit un impôt directement sur le producteur, sur le fabricant, sur l'acheteur en gros, et c'est celui-ci à son tour qui le fait payer en bloc au marchand, lequel le fait payer en détail au consommateur. Ce sont presque toujours les objets de nécessité, ou du moins de fréquent usage, que les contributions indirectes vont frapper, et cela se comprend, puisque c'est le moyen d'obtenir de plus fortes sommes pour le Trésor public.

Parmi ces objets, signalons entre autres le sel, le sucre, le vin, les alcools, la bière, le papier, le savon, le café, le poivre, les allumettes, etc. Chaque fois que nous employons un quelconque de ces objets, nous payons une part d'impôt à l'État.

Les impôts indirects frappent aussi des objets de luxe, dont on peut se passer si on le veut bien, tels que le tabac, la poudre de chasse, les cartes à jouer.

Les **douanes** sont un impôt indirect prélevé à la frontière sur la plupart des marchandises qui proviennent de l'étranger, vins, denrées, étoffes, matières premières[1], houille, bois, etc. On appelle **contrebandiers** ceux qui essayent de faire entrer en France sans payer de droit les objets soumis à la douane.

On range aussi dans les contributions indirectes les taxes à payer pour faire inscrire dans les registres de l'État tous les actes qui portent sur des contrats, des engagements, des ventes et des achats. Cet **enregistrement** donne aux actes ainsi passés une valeur légale et les rend plus sûrs. Les droits sur les héritages, le produit des postes et des télégraphes font également partie des impôts indirects.

Toutes ces contributions, dont le produit total s'élève à 3 milliards par an, doivent être votées tous les ans par les représentants du peuple; les contributions directes sont réparties ensuite entre tous les citoyens, proportionnellement à leurs ressources. Quant aux contributions indirectes, elles varient naturellement selon les dépenses.

Le **budget** est le tableau dressé tous les ans par le ministre des finances et proposé par lui à l'examen et au vote des Chambres. Ce tableau se compose de deux parties: l'une contient les **recettes** de l'État, c'est-à-dire l'évaluation[1] probable de toutes les contributions directes et indirectes de l'année; l'autre contient toutes les **dépenses** estimées utiles ou indispensables pendant la même année.

Il faut absolument que le total de cette seconde partie ne dépasse pas le total de la première, sinon, le budget, dont la première qualité est d'être en **équilibre**, serait en **déficit**. Dans ce cas, qui se produit lorsque des malheurs fondent sur un pays, ou lorsque de grands travaux sont devenus nécessaires, soit pour la prospérité publique, soit pour la défense nationale, il faut, pour combler le déficit, faire un **emprunt**, en se confiant dans l'augmentation des ressources pour l'avenir.

C'est ce qui a déjà eu lieu bien souvent. Habituellement

on ne rembourse pas le capital de ces emprunts; on se borne à en payer tous les ans l'intérêt qui s'ajoute aux dépenses annuelles. Ce capital forme la **dette publique** de la France, inscrite sur le **grand livre** de l'État; l'intérêt payé aux créanciers s'appelle la **rente.**

LEXIQUE.

Facultatif, qu'on peut faire ou ne pas faire, à volonté.

Foncier, qui s'applique au fonds de terre, au sol.

Cote, contribution. La cote personnelle et mobilière représente par an trois journées de travail et une légère redevance proportionnelle au loyer.

Vérification des poids et mesures, opération qui consiste à vérifier si les marchands se servent de poids, de mesures justes, s'ils ne trompent pas leurs clients sur les quantités. Il y a des employés chargés de faire cette vérification, pour laquelle les marchands ont une taxe à payer.

Matières premières, ce sont les éléments au moyen desquels l'industrie fabrique ses produits; c'est la laine, le coton, la soie, le minerai de fer, de cuivre, etc.

Évaluation, appréciation, compte.

EXERCICES.

1. Qu'est-ce que l'impôt? — Pourquoi n'est-il pas facultatif? L'égalité devant l'impôt veut-elle que tout le monde paye la même somme? — Serait-ce possible?

2. Combien y a-t-il de sortes d'impôts? — Quelle est la différence? — Lequel trouvez-vous le plus juste? — Lequel croyez-vous le plus facile à payer?

3. Enumérez les contributions directes.

4. Enumérez les contributions indirectes. — Montrez comment le consommateur les paye à l'État. — Quels sont les principaux objets de consommation usuelle soumis à l'impôt? — Ceux de luxe?

5. Qu'est-ce que les douanes?

6. Qu'est-ce que l'enregistrement?

7. Par qui l'impôt doit-il être voté? — Pourquoi? — Qu'appelle-t-on le budget? — Comment est-il divisé?

8. Qu'est-ce qu'un budget en équilibre? — En déficit?

9. Quand l'État est-il obligé de faire des emprunts? — Parlez de la dette publique. — De la rente.

XLIX

Le département.

Tous les écoliers savent que la France est divisée en quatre-vingt-sept **départements**, chaque département en arrondissements, chaque arrondissement en cantons, et que chaque canton est formé de plusieurs communes.

Autrefois notre pays était divisé en provinces, et l'on était Bourguignon, Picard, Normand ou Gascon avant d'être Français. Aujourd'hui nous sommes Français avant tout ; mais il est bien permis d'aimer particulièrement le département où l'on est né, où l'on habite, de s'attacher à ses souvenirs, d'être fier de ses villes, de ses gloires, de ses productions, et de travailler avec satisfaction à sa prospérité. Être du même département, c'est un lien de plus entre compatriotes.

Le département est considéré comme une **personne civile,** c'est-à-dire qu'il peut posséder, dépenser, recevoir des legs, soutenir un procès, avoir un budget comme l'État. Le département est administré par un **préfet,** qui est nommé par le ministre de l'Intérieur, et qui représente le gouvernement. Le préfet correspond directement avec tous les ministres. C'est le préfet qui est chargé de la police générale, de l'exécution des lois et décrets, et de tout ce qui touche aux intérêts généraux du département. Il est assisté par un **Secrétaire général,** qui le remplace en cas d'absence ; il a sous ses ordres, dans la Préfecture, des chefs de division, des chefs de bureaux, des employés qui font le travail des écritures. Il nomme et révoque un certain nombre d'agents de l'administration dans le département.

A côté du préfet se trouve un **Conseil de préfecture,** nommé par le gouvernement pour aider le préfet de ses conseils et pour servir de tribunal dans certians cas de conflits relatifs aux élections ou aux réclamations des citoyens à propos des impôts.

Chaque département a un petit parlement élu par le suffrage universel pour discuter les intérêts, établir les recettes et approuver les dépenses de ce département : c'est ce qu'on appelle le **Conseil général.** Tout canton, grand ou petit, nomme un conseiller général. Les conseillers sont élus pour six ans; la moitié doit être renouvelée tous les trois ans. Les conseillers sortants sont rééligibles. Ils ne reçoivent pas d'indemnité, parce qu'ils n'ont pas, comme les députés, à consacrer tout leur temps aux affaires publiques et qu'ils peuvent continuer à exercer leur industrie ou leur travail particulier.

Le Conseil général se réunit au moins deux fois par an, le deuxième lundi après Pâques et le premier lundi après le 15 août. Les séances sont publiques, comme celles des deux Chambres, c'est-à-dire qu'il y a une tribune réservée dans laquelle le public est admis à assister aux réunions. Les conseillers généraux sont de droit électeurs sénatoriaux.

Les attributions du Conseil général consistent à voter le budget départemental, à classer et à faire entretenir la plupart des routes, à acquérir et entretenir les propriétés départementales, telles que préfecture, sous-préfectures, tribunaux, prisons, casernes de gendarmerie, écoles normales, etc. Les routes dont l'entretien est à la charge du Conseil général sont les routes départementales, certains chemins et canaux. Les grandes routes nationales sont à la charge de l'État et les chemins vicinaux sont à la charge des communes.

Le **budget départemental** est le tableau des recettes et des dépenses de l'année ; les recettes proviennent d'un certain nombre de centimes ajoutés de droit aux contributions directes ou autorisés par des lois spéciales votées par la Chambre, pour des dépenses déterminées.

C'est une partie de l'impôt qui est affectée à des dépenses faites dans l'intérieur du département et à son profit.

Le Conseil général nomme parmi ses membres une **commission permanente** qui le remplace pendant l'intervalle des sessions pour prendre les décisions urgentes et surveiller l'exécution des décisions qu'il à déjà prises.

La loi a prévu qu'au cas où, par suite de troubles ou de complots, le Parlement serait empêché de se réunir, les Conseils généraux le remplaceraient de plein droit pendant la tourmente, jusqu'à ce qu'ils aient pu préparer une nouvelle réunion des représentants du peuple.

EXERCICES.

1. Dites ce que vous savez de l'ancienne division de la France en provinces. — Combien y a-t-il de départements?
2. Quelles sont les divisions administratives de la France actuelle?
3. Qu'appelle-t-on une personne civile?
4. Dites quelles sont les attributions du préfet, — du secrétaire général, — du conseil de préfecture.
5. Qu'est-ce que le Conseil général ? — Comment est-il nommé ? — Quelles sont ses attributions?
6. A quel corps peut-on le comparer? — Quelles sont les ressemblances et les différences entre le Conseil général et la Chambre des députés ?
7. Quelles sont les propriétés départementales ?
8. Comment sont divisés les routes et chemins ?
9. Parlez du budget départemental. — De la Commission permanente.
10. Quelles sont les attributions politiques du conseil général ?

L

L'arrondissement. — Le canton.

Il y a en France 362 **arrondissements.**

L'arrondissement est une partie du département; il est administré par un sous-préfet, fonctionnaire subordonné au préfet dont il reçoit les ordres, mais par qui il n'est pas nommé. C'est le ministre de l'Intérieur qui nomme directement les préfets, les secrétaires généraux et les sous-préfets. Ces deux dernières fonctions sont à peu près équivalentes et servent d'échelon pour devenir préfet.

Le sous-préfet sert d'intermédiaire entre le préfet et les communes, représentées par les maires. Il transmet aux uns les lois, instructions et règlements qui émanent de l'État, et à l'autre les réclamations ou demandes venant des populations.

Le **Conseil d'arrondissement** se compose, comme le Conseil général, de membres élus par chaque canton pour six ans, et dont la moitié est renouvelée et rééligible tous les trois ans. Il faut qu'un conseil d'arrondissement ait au moins neuf membres. Si l'arrondissement n'a pas neuf cantons, les cantons les plus peuplés élisent deux ou trois conseillers pour parfaire ce nombre.

Le Conseil d'arrondissement n'a qu'une session par an, divisée en deux parties, l'une avant la session d'août du Conseil général, l'autre après.

Le Conseil d'arrondissement émet des **vœux** sur les travaux publics ou les réformes de diverse nature à accomplir dans son ressort, et donne des **avis** sur les changements de circonscription des communes, sur la direction des routes, sur l'établissement des foires et marchés, etc. Il répartit entre les communes le contingent de l'impôt que le Parlement a partagé entre les départements et le Conseil général entre les arrondissements. Comme l'arrondissement n'a pas de budget, c'est-à-dire ne peut ni posséder, ni vendre, ni dépenser, le Conseil d'arrondissement n'a aucun pouvoir. La seule attribution politique de ses membres consiste à être électeurs sénatoriaux.

Au chef-lieu de l'arrondissement on trouve le tribunal civil et correctionnel, avec les juges, les magistrats du parquet, les avocats, avoués, notaires, huissiers, et habituellement divers fonctionnaires importants, tels que : receveur particulier des finances, receveur de l'enregistrement, receveur des contributions indirectes, percepteur, contrôleurs, etc.

Chaque arrondissement comprend plusieurs **cantons.** Il y a 2,863 cantons en France. Certaines grandes villes forment plusieurs cantons, mais la plupart du temps c'est le contraire qui a lieu ; plusieurs communes sont réunies en un seul canton.

Chaque canton nomme un conseiller général et un conseiller d'arrondissement qui représentent directement ses intérêts dans leurs conseils respectifs. Chaque canton possède un juge de paix, qui a pour mission d'apaiser les querelles, de concilier les plaideurs, de servir d'arbitre, de juger les contraventions, etc. C'est le magistrat paternel du canton, et sa justice est gratuite.

On appelle **chef-lieu** du canton la commune où réside le juge de paix, celle dans laquelle tous les jeunes gens de vingt ans se réunissent chaque année pour le tirage au sort en vue de recrutement de l'armée, celle où doivent aussi se réunir les délégués cantonaux chargés de la surveillance des écoles primaires du canton.

Le chef-lieu est le plus souvent la commune la plus importante, celle où se tiennent les foires et marchés, et où l'on se rencontre pour les affaires de vente ou d'achat; aussi est-ce elle qui donne au canton son nom, comme le chef-lieu d'arrondissement donne son nom à l'arrondissement tout entier.

Vous savez qu'il n'en est pas de même du département; il ne prend pas le nom d'une ville, mais celui d'une rivière, d'un fleuve ou d'une montagne. On ne dit pas le département de Bordeaux, de Paris ou de Pau, mais le département de la Gironde, de la Seine, des Basses-Pyrénées. Le Morbihan a pris son nom d'un golfe, la Savoie, d'un ancien royaume, le Pas-de-Calais, d'un bras de mer, etc.

EXERCICES.

1. Que savez-vous du sous-préfet ?
2. Qu'est-ce que le Conseil d'arrondissement ? — Dites ce que vous savez de sa composition, de ses attributions.
3. Quelle différence y a-t-il entre le Conseil général et le Conseil d'arrondissement ? — Combien y a-t-il d'arrondissements ?
4. Quels sont les fonctionnaires qui habitent le chef-lieu d'arrondissement ? — Nommez quelques chefs-lieux d'arrondissement.
5. Dites ce que vous savez sur les cantons. — Qu'est-ce que le juge de paix ? — Les délégués cantonaux ? — Combien y a-t-il de cantons ?
6. Qu'appelle-t-on le chef-lieu de canton ?
7. Pourquoi nomme-t-on le canton et l'arrondissement d'après une ville, et non pas les départements ? — Cherchez-en le motif.

LI

La commune.

La commune, c'est la ville ou le village que vous habitez, c'est la réunion de tous ces voisins dont la maison et les champs se touchent, qui passent dans les mêmes rues, s'arrêtent sur les mêmes places, vont au même marché, puisent aux mêmes fontaines, ont des intérêts communs, forment ensemble comme une grande famille.

Il y a de petites et de grandes **agglomérations** qui forment la commune ; il y a Paris avec plus de deux millions d'habitants ; il y a Lyon et Marseille ; il y a aussi de modestes villages de cinq ou six cents âmes. Petites ou grandes, ces agglomérations ont une vie commune, sont attachées à un sol commun et enfermées dans des **limites** qui les séparent des communes voisines.

La France compte 36,056 communes.

Chaque commune est administrée par un **Conseil municipal,** qui est, lui aussi, un petit Parlement, une petite Chambre des députés, et qui est nommé par les électeurs municipaux de la commune. Pour être **électeur municipal,** il faut être né dans la commune ou s'y être marié et y résider depuis un an, ou tout simplement y résider depuis deux ans. Pour être **éligible,** il suffit d'être âgé de vingt-cinq ans et de payer dans la commune l'une des quatre contributions directes. Toutefois les employés de la commune ou ceux qu'elle secourt par ses bureaux de bienfaisance ne peuvent pas être élus.

Le nombre des conseillers municipaux varie de 10 à 36 selon le chiffre de la population. Jusqu'à 500 habitants, il y a 10 conseillers; jusqu'à 1,500 il y en a 12; jusqu'à 2,500 il y en a 16; jusqu'à 3,500 il y en a 21; jusqu'à 10,000, il y en a 23, et ainsi de suite.

Le Conseil municipal est présidé par le **maire,** qui est un des conseillers choisi par ses collègues. Le maire est à la fois le représentant du gouvernement auprès de la commune, et le représentant de la commune auprès du gouvernement. Il est tout ensemble un fonctionnaire de l'État et l'élu de ses concitoyens. Sa charge est considérable et ses fonctions sont multiples. Il est chargé de la police municipale, de la surveillance des récoltes, de la gérance des deniers de la commune, de la répartition des impôts entre les habitants. Il dresse la liste du recrutement militaire, les procès-verbaux de contraventions; il est même chargé de rechercher les crimes et délits lorsqu'il n'y a pas de commissaire de police.

Le maire est également **officier de l'État civil,** c'est-à-dire que c'est lui qui célèbre les mariages, qui les constate ainsi que les naissances et les décès, et les inscrit sur des registres spéciaux conservés soigneusement à la mairie. Ces registres établissent l'état civil, la situation, le nom, la descendance, les alliances de tous les habitants de la commune.

Ceint de l'**écharpe tricolore,** le maire est le représentant de la société française, l'organe de la loi, le magistrat qui unit les familles, qui veille au recrutement de la défense nationale, qui garantit l'ordre public, et qui fait sentir jusque dans la dernière commune la puissance et la présence de l'État, c'est-à-dire de la grande patrie.

Un mariage à la mairie.

Le maire est aidé dans sa tâche par un ou plusieurs **adjoints** choisis parmi les conseillers. Les fonctions de maire et de conseiller municipal sont gratuites.

Le Conseil municipal s'assemble de droit quatre fois par an, au commencement des mois de février, mai, août et novembre ; ce sont les **sessions légales** ; mais il peut se réunir plus souvent, quand les affaires l'exigent, avec l'autorisation du préfet.

Le Conseil municipal a le soin des propriétés de la commune, bois, pâturages, bâtiments : il peut acheter des immeubles pour ses divers services, en particulier pour le service de l'instruction primaire, percevoir des taxes sur les halles et marchés, établir un octroi, accepter des legs, voter certains centimes additionnels à l'impôt, emprunter même, à la condition de rembourser sur les ressources futures, etc. Il est obligé de fournir les locaux scolaires, d'entretenir les rues et les chemins vicinaux.

Tout cela est contenu dans le **budget communal,** tableau des recettes et des dépenses de la commune, préparé tous les ans par le maire, et présenté par lui au conseil municipal, qui le discute, le modifie et le vote.

La commune, ainsi que le département, est regardée comme une **personne civile,** c'est-à-dire qu'elle peut posséder, acquérir, hériter et plaider lorsque ses intérêts l'y obligent, toutes choses que l'arrondissement et le canton ne peuvent pas faire.

EXERCICES.

1. Qu'appelle-t-on une commune? — D'où vient ce nom? — En quoi est-il justifié ?— Combien y a-t-il de communes?
2. Qu'est-ce que le conseil municipal? — Par qui est-il nommé? — Qui est électeur municipal? — Qui est éligible?
3. Pouvez-vous deviner pour quel motif on demande à l'électeur municipal un plus long séjour dans la commune qu'à l'électeur politique?
4. Dites pourquoi certaines personnes ne sont pas éligibles.
5. Pourquoi n'y a-t-il pas le même nombre de conseillers municipaux dans toutes les communes?
6. Qu'est-ce que le maire? — Quel est son double caractère? — Quelles sont ses charges? — Qu'est-ce que les adjoints?
7. Qu'appelle-t-on l'état civil?
8. Qu'appelle-t-on session légale?
9. Quelles sont les attributions du Conseil municipal?
10. Dites ce qu'on entend par le budget communal.

FIN.

APPENDICE

COURTES NOTIONS D'ÉCONOMIE POLITIQUE. — Vous savez ce que c'est que l'économie; c'est la vertu qui consiste à bien administrer ses petites affaires, à mettre de côté, à prévoir l'avenir, à s'enrichir par l'épargne. L'économie politique est la science qui enseigne à pratiquer cette vertu-là en grand, à l'appliquer à toute la société, à connaître les moyens de produire la richesse et de bien employer au profit de tous la richesse amassée.

PRODUCTION DE LA RICHESSE. — Il ne faut pas croire que l'on appelle richesse seulement une grande fortune, une grande somme d'argent. Celui qui aurait un sac d'or au milieu du désert ne serait pas riche, car il serait exposé à mourir de faim. Son or ne lui servirait à rien.

La **richesse**, c'est tout ce qui peut nous servir, nous être utile. L'argent n'est une richesse que parce qu'il nous sert à acheter les choses qui nous sont nécessaires ou qui nous sont utiles. Le pain que vous mangez chaque jour est une richesse; vos vêtements sont une richesse.

Avec quoi peut-on produire la richesse? C'est tout d'abord la nature qui s'en charge; c'est elle qui nous en fournit les premiers éléments, ceux qui sont indispensables, sans lesquels il n'y a pas de richesse possible.

La nature nous fournit la terre, le sol cultivable, l'eau des fleuves, le vent, les pierres et les roches, les mines qui donnent les métaux, etc. Cela, c'est la **matière** première, le premier agent de la production des richesses.

Mais cette matière ne servirait pas à grand'chose et ne nous enrichirait guère sans le **travail.** C'est le travail qui tire la richesse des éléments fournis par la nature. Le travail défriche les forêts, cultive le sol, oblige les fleuves et la mer à transporter ses produits, le vent à moudre son blé; le travail change les rochers et les arbres en maisons; il tire du sein de la terre le fer, le cuivre, l'or, et il les façonne pour le service ou le plaisir de l'humanité.

Sans le travail, pas de richesse. Le travail est donc un des agents principaux de la production de la richesse. Il ne pourrait rien sans la matière que la nature lui offre; mais cette matière ne deviendrait rien d'utile sans lui. Nous devons donc honorer le travail. Tout homme qui travaille contribue à la richesse commune, au bien de l'humanité.

Tout le monde ne peut pas faire le même travail; on est obligé de se partager la besogne, de la **diviser**. Chacun prend la partie de travail qui convient à ses aptitudes et aux circonstances où il se trouve. Les uns travaillent la terre, les autres les métaux, les autres les étoffes, les autres se livrent à des travaux d'administration et de surveillance, d'autres à des travaux intellectuels. Les savants ont inventé des machines qui rendent le travail manuel plus facile, plus productif, moins coûteux, et qui mettent ses produits à la portée d'un plus grand nombre de gens.

Au travail, il faut joindre **l'épargne**, si l'on veut créer une richesse qui suffise non seulement aux besoins du jour, mais aussi à ceux du lendemain. Si l'on mange chaque jour tout ce que l'on a gagné, il ne reste rien pour les temps de chômage, de maladie, de disette, de gelée, d'inondation ou d'incendie. Il faut prévoir ces accidents. Il faut épargner aussi pour se procurer en plus grand nombre les matériaux nécessaires au travail. Le cultivateur qui a épargné sur ses gains peut acheter plus de terre, le cordonnier plus de cuirs, le tailleur plus de drap, et il gagnera davantage dans l'avenir.

Ce que l'on gagne ainsi de plus que ses besoins, ce qu'on met ainsi de côté par suite de l'épargne s'appelle le **capital.** Voilà encore un des principaux agents de la production des richesses. Sans le capital, comment se procurer les matériaux nécessaires au travail? Le capital permet de faire des avances et d'attendre le résultat du travail. Ceux qui parlent de supprimer le capital disent une sottise. On ne peut pas plus supprimer le capital que le travail. L'un et l'autre sont indispensables à la production de la richesse; l'un ne pourrait rien sans l'autre, l'un n'existerait pas sans l'autre; ils sont indissolublement unis.

Le capital peut être de la terre, des maisons, de l'argent, de la marchandise, peu importe. Celui qui s'est acquis un capital, gros ou petit, par son travail et par son épargne, ou qui l'a reçu du travail et de l'épargne de ses parents, celui-là est propriétaire. Ce gain est sa **propriété**, légitimement acquise, et à laquelle personne au monde n'a le droit de toucher.

CIRCULATION DES RICHESSES. — On peut être embarrassé de sa richesse. Cela vous étonne? Vous allez comprendre. Je suis cultivateur; j'ai produit beaucoup de blé et de pommes de terre, beaucoup plus qu'il ne m'en faut pour me nourrir moi et ma famille. Je ne sais plus qu'en faire. Mais je manque de bois pour me chauffer, d'habits pour me couvrir. Heureusement qu'un voisin me donne du bois en **échange** de mes pommes de terre, un autre voisin me donne des habits en échange de mon blé.

Au lieu de ces échanges en nature qui pourraient être parfois difficiles et embarrassants, on a imaginé la **monnaie**, qui représente la valeur des objets qu'on cède et celle des objets qu'on se procurera à la place. La monnaie consiste en médailles de cuivre, d'argent et d'or, d'un poids régulier et qui servent aux échanges. Les échanges qui se font au moyen de la monnaie constituent le **commerce.**

Grâce à ce moyen, les richesses d'une région, d'un pays, d'un continent peuvent circuler d'un bout du monde à l'autre; chacun peut en avoir sa part, quelque éloigné qu'il soit du lieu de la production ; il n'y a plus à craindre que les produits ne s'accumulent sur un point tandis qu'on aurait disette sur un autre.

Ceux qui ont abondance vont les offrir; ceux qui ont besoin vont les demander. Plus **l'offre** est abondante, plus les prix s'abaissent; plus la **demande** est nombreuse, plus la cherté grandit. Vous en comprenez facilement le motif.

Celui qui est capable de travailler, mais qui n'a pas les éléments du travail, peut se les procurer grâce à la confiance qu'il inspire. On sait qu'il est honnête et capable, qu'il tiendra ses engagements, qu'il rendra ce qu'on lui aura prêté : c'est ce qu'on appelle le **crédit.** Il y a crédit là où il y a confiance ; et il y a confiance là où il y a honnêteté, intelligence et travail.

Le **salaire** est le prix payé à chacun pour sa peine et son travail. Quiconque se rend utile aux autres a droit à une rémunération, à un salaire. Ce salaire augmente ou diminue avec le degré de talent de l'ouvrier, avec la difficulté ou l'utilité de son métier, avec la rareté des travailleurs. Plus un travail est facile, plus on s'y porte en nombre, et plus le salaire baisse. Il baisse aussi lorsqu'il y a plus d'ouvriers que de travail à faire.

Si l'ouvrier doit légitimement retirer un salaire de son travail, celui qui fait aux autres des avances de son argent, qui leur prête son capital pour leur rendre service, a le droit de retirer un bénéfice de ce capital qu'il a amassé et qu'il expose et dont il se prive en le prêtant. Ce bénéfice s'appelle **l'intérêt.** On paye la location de l'argent, comme on paye le loyer d'une chambre, d'une maison ou d'un jardin, au propriétaire qui s'en dessaisit en votre faveur.

CONSOMMATION DE LA RICHESSE. — La richesse n'est pas faite pour être conservée, mais pour être dépensée. Si j'ai cultivé du blé, c'est pour qu'on le mange, si je confectionne des habits ou des souliers, c'est pour qu'on les porte, si je fabrique des outils, c'est pour qu'on s'en serve.

Ces produits dont on se sert finissent par disparaître, par être **consommés.** Le pain est mangé, les vêtements sont déchirés, les outils sont brisés ou usés par le temps, mais, avant de disparaître, ils ont fait leur usage, ils ont rendu les services pour lesquels on les avait créés.

Ces services ne sont pas pareils. Le charbon de la forge se consume, mais après avoir rougi le fer que le forgeron travaillera; la charrue s'use, mais après avoir labouré la terre; l'argent avec lequel on a acheté une usine disparaît, mais l'usine reste. Ce sont là des consommations **productives.**

Ces produits se consomment, mais ils laissent après eux de nouveaux produits.

Le bois dont je me sers pour me chauffer, le pain dont je me sers pour me nourrir, le vêtement dont je me sers pour me couvrir sont consommés peu à peu ou rapidement et disparaissent par l'usage, sans laisser après eux d'autres produits. Ils ont servi à mes besoins; ils ont été consommés par moi, mais ce sont des consommations **improductives.**

Ces deux espèces de consommations sont nécessaires; en réalité elles produisent toutes les deux quelque chose. Les premières produisent des moyens d'augmenter la richesse; les secondes entretiennent les forces et la santé de l'homme, qui est l'agent indispensable de la production des richesses.

Il n'y a de consommations réellement improductives que celles qui ne servent absolument à rien, comme un vaisseau qui tombe au fond des mers, une maison qui brûle, etc.

Lorsque nous possédons ce qui nous est nécessaire, c'est un besoin pour nous d'ajouter quelques agréments à notre vie. Ces agréments s'appellent le **luxe.** C'est l'usage du superflu, d'objets dont on pourrait se passer pour vivre, mais dont on a plaisir à s'entourer. Les fleurs de nos jardins, la musique, les tableaux, les statues, les ornements de l'architecture, les formes et les couleurs variées des vêtements, les bijoux, les parures, etc., voilà le luxe.

Ce luxe est condamnable, si ceux qui le recherchent dépassent les limites de la sagesse et de la modestie ; s'ils lui sacrifient le nécessaire ou les ressources qui doivent être réservées à la bienfaisance ; s'ils obéissent à la vanité, à l'ostentation.

Le luxe, chez les particuliers, doit se borner aux objets qui donnent à leur personne et à leur demeure de la propreté, de la décence et de l'agrément. Les villes et les États, qui ont le devoir d'encourager les arts et les sciences, peuvent consacrer de plus grandes ressources au luxe, parce qu'elles sont prélevées sur la masse des contribuables et ne prennent que peu d'argent à chacun pour donner des plaisirs à tous.

Les **dépenses de l'État** doivent avoir toujours pour but l'utilité générale. Ce sont des dépenses de travaux publics, telles que routes, canaux, ports, digues, chemins de fer, monuments, ou des dépenses de sécurité publique, telles que tribunaux, armée, ou des dépenses d'instruction publique, telles que Facultés, lycées, écoles, musées, fêtes patriotiques. Il ne faut pas oublier que les dépenses de l'État sont puisées dans la bourse de tout le monde, et qu'elles doivent, par conséquent, d'une manière ou d'une autre, servir à tout le monde.

C'est le **budget** qui règle ces dépenses, et c'est **l'impôt** qui fournit les moyens d'y subvenir.

FIN DE L'APPENDICE.

TABLE DES MATIÈRES

PREMIÈRE PARTIE.

Connaissance de l'homme.

DEUXIÈME PARTIE.

Principes généraux de morale.

TROISIÈME PARTIE.

Application de la morale.

QUATRIÈME PARTIE.

Instruction civique.

CINQUIÈME PARTIE.

Économie politique.

Paris. — Imp. E. Capiomont et V. Renault, rue des Poitevins, 6.

MÊME LIBRAIRIE

Envoi franco au reçu du prix en un mandat ou en timbres-poste.

Notions élémentaires d'anatomie et de physiologie du corps humain, appliquées à *l'étude de la Gymnastique*, à l'usage des aspirants et des aspirantes au certificat pour l'enseignement de la gymnastique et au brevet de premier ordre, par le docteur G. VAN GELDER, médecin-inspecteur des écoles de Paris, examinateur d'anatomie au certificat pour l'enseignement de la gymnastique, *avec de nombreuses gravures* dans le texte, 1 vol. in-12, broché. . . . **2 fr. 50**

Cet ouvrage, *rédigé conformément à l'arrêté du 10 juin* 1879, répond à un besoin qui a été souvent manifesté à l'auteur par les aspirants et les aspirantes au brevet de capacité pour l'enseignement de la gymnastique et à celui de premier ordre, où la gymnastique est obligatoire depuis les derniers programmes. L'auteur s'est attaché à réduire l'anatomie et la physiologie humaine aux notions indispensables à tout professeur de gymnastique. Le lecteur pourra s'assurer que rien de ce qui s'y trouve n'est en dehors du programme. Ce travail peut être regardé comme l'introduction naturelle de tous les traités de gymnastique.

L'origine des êtres vivants, par F. HÉMENT, inspecteur général de l'instruction publique. 1 beau vol. in-8, avec de *nombreuses illustrations*, broché . . . . **2 fr. 50**
— LE MÊME, relié, avec fers spéciaux, tranche dorée. **4 fr.** »

Édition unique illustrée dans ce format.

1° **L'origine des animaux.** — Ce qu'il y a dans un œuf. — Premier examen. — Description détaillée d'un œuf de poule. — Où se forment les diverses parties de l'œuf. — Rôle de ces diverses parties. — Développement de l'œuf. — Œufs des divers animaux. — Ressemblances. — Différences. — Les métamorphoses. — Erreurs des anciens sur les insectes. — Les expériences : Rédi, Réaumur, Swammerdam, Malpighi. Conclusion. — Les insectes parasites. — Ténia. — Infusoires. — Les découvertes de M. Balbiani. — Le polype de Trembley. — Expérience de Bonnet sur les naïdes. — Réproduction des pattes chez la salamandre. — Les bourgeons d'animaux. — L'air est peuplé de germes. — Corpuscules. — Infusion. — Résumé.

2° **L'origine des végétaux.** — La graine. — Ses diverses parties. — Formes diverses. — Variété de grosseur. — Couleur. — Poids. — Nombre. — Examen détaillé de la graine. — Conservation des grains. — Germination. — Eclosion. — Développement. — Champignons. — Fougères. — Bourgeons fixes, mobiles. — Bouture, Marcotte, Greffe. — Conclusion : **Tout être vivant vient d'un être vivant semblable.**

ARDOISES FACTICES (le cent)

Numéros	Dimensions	Noires	encadrées	IMPRIMÉES 1 côté	IMPRIMÉES 2 côtés
0	08 sur 13	7 fr	» »	» »	» »
1	11 » 18	10 »	» »	» »	» »
2	13 » 20	12 »	32 »	16 »	20 »
3	15 » 23	16 »	36 »	20 »	24 »
4	17 » 25	21 »	42 »	25 »	29 »
5	19 » 28	28 »	50 »	32 »	36 »
6	23 » 31	32 »	58 »	36 »	40 »
7	28 » 38	50 »	» »	» »	» »
Cours de coupe	25 » 40	60 »	» »	» »	» »

ARDOISES France et Europe, 0m,25 sur 0m,30. . . . . » fr. 50

Paris. — Imp. E. CAPIOMONT et V. RENAULT, rue des Poitevins, 6.

www.ingramcontent.com/pod-product-compliance
Ingram Content Group UK Ltd.
Pitfield, Milton Keynes, MK11 3LW, UK
UKHW020144220726
13923UKWH00001B/362

9 782016 182680